*Carta sobre os cegos*

*Carta sobre os surdos-mudos*

FUNDAÇÃO EDITORA DA UNESP

*Presidente do Conselho Curador*
Mário Sérgio Vasconcelos

*Diretor-Presidente / Publisher*
Jézio Hernani Bomfim Gutierre

*Superintendente Administrativo e Financeiro*
William de Souza Agostinho

*Conselho Editorial Acadêmico*
Divino José da Silva
Luís Antônio Francisco de Souza
Marcelo dos Santos Pereira
Patricia Porchat Pereira da Silva Knudsen
Paulo Celso Moura
Ricardo D'Elia Matheus
Sandra Aparecida Ferreira
Tatiana Noronha de Souza
Trajano Sardenberg
Valéria dos Santos Guimarães

*Editores-Adjuntos*
Anderson Nobara
Leandro Rodrigues

DENIS DIDEROT

*Carta sobre os cegos,*
para uso dos que veem

*Carta sobre os surdos-mudos,*
para uso dos que ouvem e falam

Tradução
Franklin de Mattos
Maria das Graças de Souza
Fabio Stieltjes Yasoshima

Organização
Pedro Paulo Pimenta

Título original:
*Lettre sur les aveugles à l'usage de ceux qui voient*
*Lettre sur les sourds et muets à l'usage de ceux qui entendent et qui parlent*

© 2023 Editora Unesp

Direitos de publicação reservados à:
Fundação Editora da Unesp (FEU)
Praça da Sé, 108
01001-900 – São Paulo – SP
Tel.: (0xx11) 3242-7171
Fax: (0xx11) 3242-7172
www.editoraunesp.com.br
www.livrariaunesp.com.br
atendimento.editora@unesp.br

**Dados Internacionais de Catalogação na Publicação (CIP) de acordo com ISBD
Elaborado por Vagner Rodolfo da Silva – CRB-8/9410**

| | |
|---|---|
| D555c | Diderot, Denis |
| | Carta sobre os cegos e Carta sobre os surdos-mudos / Denis Diderot; organizado por Pedro Paulo Pimenta; traduzido por Franklin de Mattos, Maria das Graças de Souza, Fábio Stieltjes Yasoshima. – São Paulo: Editora Unesp, 2023. |
| | Inclui bibliografia.<br>ISBN: 978-65-5711-193-2 |
| | 1. Filosofia francesa. I. Pimenta, Pedro Paulo. II. Mattos, Franklin de. III. Souza, Maria das Graças de. IV. Yasoshima, Fábio Stieltjes. V. Título. |
| 2023-1028 | CDD 194<br>CDU 1(44) |

Editora afiliada:

Asociación de Editoriales Universitarias
de América Latina y el Caribe

Associação Brasileira de
Editoras Universitárias

# Sumário

Diderot, filósofo da sensação . 7
*Pedro Paulo Pimenta*

### *Carta sobre os cegos,*
### *para uso dos que veem*

Carta sobre os cegos, para uso dos que veem;
com uma adição . 21
Adição à carta precedente . 87

### *Carta sobre os surdos-mudos,*
### *para uso dos que ouvem e falam*

Carta do autor ao sr. B., seu livreiro . 103
Carta sobre os surdos-mudos, para uso dos que
ouvem e falam . 107
Adendos para servir de esclarecimento a algumas
passagens da *Carta sobre os surdos-mudos* . 167

Advertência a diversos homens . 169

Observações . 185

D'Alembert, verbete "Cego" da *Enciclopédia* . 207

Grimm, *Correspondência literária*, 1753-1754,
   n.21 . 223

# Diderot, filósofo da sensação

A ideia de que as duas *Cartas* de Diderot aqui reunidas formam um par depende quase exclusivamente da referência sensorial contida em seus respectivos títulos, "sobre os cegos", "sobre os surdos-mudos". Muitas outras coisas parecem separá-las, a começar pelo estilo, demonstrativo na primeira, ensaístico na segunda. A exposição sobre os cegos é ágil e direta, caminha com rapidez rumo ao seu objetivo, passando por três personagens desenhados a partir da vida real — na verdade quatro, se contarmos o apêndice acrescentado posteriormente. A discussão sobre os surdos-mudos é lenta e digressiva, às vezes parece fora de foco, não tem personagens, e desemboca em um apêndice que, pela sua extensão, ameaça o equilíbrio formal do texto. Enquanto na primeira carta, datada de 1749, Diderot elege uma série de aliados para sustentar as conclusões controversas a que chega, na segunda, de 1751, ele prefere se deter nos adversários. Ambos são escritos experimentais, pois, além de não chegarem a conclusões definitivas, procedem a partir do exame de um repertório de casos: indivíduos cegos aqui, evidências textuais ali.

*Denis Diderot*

Há outras afinidades óbvias quando as cartas são lidas em conjunto. A principal delas, eu gostaria de sugerir, é a ideia nítida que elas pintam, na imaginação do leitor, de um novo objeto, livre, autônomo, ativo, dotado de regras próprias: o corpo vivo, materialidade que desponta como pura sensação, que existe por si mesmo, não foi criado, e é, nessa medida, um indício de que a própria ideia de criação se tornou obsoleta. Essa pintura é feita magistralmente por meio de uma hábil combinação entre diferentes perspectivas, à maneira da mônada de Leibniz. O cego que não vê sente na pele o que escapa aos dotados da visão, e, com isso, tem uma ideia diferente da tão propalada "ordem da natureza". O surdo-mudo não fala nem ouve, mas gesticula, seu corpo é puro movimento, unidade que configura e reconfigura o espaço à sua volta. O esquema perfeito dessa totalidade integrada é o hieróglifo ou o ideograma. Assim como a verdade da visão está no tato – o olho sente tão fisicamente os objetos que o afetam quanto a pele –, a da fala está no gesto silencioso, primeira figuração do que Robert Bringhurst chamará de "forma sólida da linguagem".[1]

\* \* \*

Diderot entrou para a história da filosofia como um pensador errático, rapsódico, incapaz de produzir um sistema coerente. Confundiram-se, nessa avaliação, duas ordens, a do pensamento e a da exposição, que eram para ele indissociáveis: a elaboração de uma reflexão conceitual coerente, por meio de uma exposição marcada pelas descontinuidades de gênero,

---

1 Robert Bringhurst, *A forma sólida da linguagem*. Trad. Juliana A. Saad. São Paulo: Edições Rosari, 2006.

*Apresentação*

forma e estilo. Se tivéssemos que determinar o momento em que a elaboração de fundo ganhou fôlego e direção, teríamos de escolher a *Carta sobre os cegos, para uso dos que veem*. Os ecos desse texto se encontram por toda parte na produção posterior do filósofo, que, em 1782, reconhece que, se tivesse de alterar o texto, escreveria outro, provavelmente não tão bom. Quer dizer, malgrado imperfeições de composição e estilo, a ideia permanece lá, como germe de tudo o que virá depois, organicamente, a partir dela.

A metáfora vitalista é adequada, pois uma das experiências-limite a que o cego tem acesso privilegiado é, justamente, a da aproximação da morte, que ele, por uma série de razões, receia menos do que os videntes. Tudo se passa como se a própria ideia de vida ganhasse um contorno, na análise das sensações, não a partir da confortável remissão a um "princípio vital", mas pela determinação dos modos de relação do organismo sensível, no caso, tomado a partir de sua configuração humana.

Chama a atenção na *Carta sobre os cegos* a perfeita simbiose entre exposição e argumentação. O texto se divide em três seções, elegantemente escandidas no fluxo da escrita, cada uma delas dedicada a um indivíduo cego que Diderot conheceu ou encontrou na literatura, e que lhe fornece a ilustração completa de um dos pontos que compõem o argumento (são cegos que ele torna complementares). Nessa *Carta* de título provocativo, Diderot faz questão de ser muito claro à destinatária, a srta. Simoneau, e nós, a quem ele concede o privilégio da leitura, só podemos nos beneficiar dessa qualidade. O tom urbano é perfeito para a enunciação de uma tese de consequências profundas, cujo pressuposto atinge em cheio as pretensões da metafísica clássica. "Com efeito", escreve Gérard Lebrun, "o cego obriga o moralista ou o metafísico a confessar que sua filosofia não é a obra de um sujeito racional, mas a ideologia de um ser vivo que julga ter com as coisas uma relação que chamamos de visão. Servindo-se apenas de suas perguntas, o cego coloca-nos na mesma posição em que poríamos um ser vivo provido de vários pares de olhos – faz-nos entrar ingenuamente na dimensão da monstruosidade".[2]

Diderot nos convida a pensar a razão como um poder limitado, não no sentido de uma finitude, em contraste com a plenitude da razão divina, mas de um traço constitutivo do animal humano, que adquire ou inventa esta ou aquela metafísica, a depender do uso integral ou parcial dos sentidos. O modelo se estende aos animais não humanos, que têm, assim, reconhecido um instinto de especulação que os leva a cogitar na experiência por soluções para os problemas que a sensação lhes coloca. De saída, é abalada a pretensão da metafísica a se tornar uma ciência universal, à qual caberia inclusive fornecer o fundamento racional da crença religiosa.

Os cegos de Diderot não são figuras abstratas ou neutras. Em comum, têm uma parcialidade em relação à sua própria condição. Sabem-se diferentes, mas, ao mesmo tempo, sentem a fundo um estranhamento diante da maneira como os videntes enxergam o mundo e extraem, dessa experiência, consequências que para o cego não fazem sentido. Pode parecer espantoso que um cego seja geômetra e ensine essa ciência na Universidade de Cambridge a alunos dotados da visão. Esse espanto é fruto de uma ingenuidade: a geometria não é a língua que Deus escolheu para enunciar o mundo, mas um sistema de signos que descreve relações sensíveis, que podem ser apreendidas e expostas pela

---

2 Gérard Lebrun, "O cego e o nascimento da antropologia", in: *A filosofia e sua história*. São Paulo: CosacNaify, 2006, p.55.

*Apresentação*

visão — o que nos leva a esquecer que o seu fundamento último, como descrição do espaço, são as relações táteis.

Em 1782, uma adição inesperada: uma pequena nota, na qual é introduzida uma quarta personagem, Mélanie de Salignac, jovem cega que Diderot conheceu pessoalmente e que lhe ensinou, com refinamento e precisão, a autonomia e a elevação de uma metafísica que, agora, não parece apenas original, mas, também, sob muitos aspectos, superior à dos videntes, e, nessa medida, indispensável a ela. Mais do que um contraponto crítico, a ordem da jovem cega é como que a verdade subjacente à do leitor que vê. A fisiologia da mulher cega não é como a do homem cego, e o que ela não vê lhe permite sentir outras coisas, que não são as mesmas que ele sente. Menos afeita ao raciocínio, menos impregnada pela metafísica abstrata, Mélanie abre os olhos de Diderot para as relações sensíveis a partir das quais o animal humano cogita isso que os filósofos gostam de chamar de "natureza" ou "mundo".

A essa altura, a leitora de filosofia poderia se lembrar que, na metafísica clássica, o modo privilegiado da intuição divina é a visão. Não contente em nomear Deus como arquiteto de infinitas cidades que se sobrepõem umas às outras sob diferentes perspectivas, Leibniz garante, ainda, na *Monadologia*, que "ele que tudo vê" no universo "poderia ler", em cada mônada, "tudo o que acontece por toda parte e mesmo o que foi feito e está por sê-lo"[3]. Com seus cegos e sua cega, Diderot se recusa a lamentar a finitude de criaturas que não veem tudo, celebrando, ao contrário, o privilégio dos seres vivos que, por não verem,

---

3 Leibniz, "Monadologia", 61, in: *Discours de métaphysique suivi de Monadologie*. Ed. Laurence Bouquiaux. Paris: Tel-Gallimard, 1995, p.197.

compreendem que a ideia de uma visão do todo nunca passou de uma ilusão. Por isso, a estranha cosmologia que a *Carta* oferece, a certa altura, é uma descrição, em palavras, daquilo que os sentidos do cego percebem, sem, no entanto, nada ver.[4] Caberá à poesia — os modelos de Diderot são Lucrécio e Ovídio — suprir a lacuna deixada pela obsolescência da metafísica.

\* \* \*

À primeira vista, o animal desta outra *Carta*, sobre os surdos-mudos, não é o mesmo que o da primeira, que consome sensação e regurgita reflexão. Está mais para um bicho que fala, gesticula, dança, canta, recita — em suma, expressivo. Pela expressão começam os problemas do texto. Como diz Franklin de Mattos, a *Carta sobre os surdos-mudos* "não é das mais fáceis de se ler", não porque seja obscura, mas porque o autor, que na *Carta sobre os cegos* adotara uma economia expositiva elegantíssima, prefere agora dissimular seus propósitos, cumulando questões diante de um leitor que, de tão perplexo, pode ficar exausto. Estratégia que nos lança no âmago do que está em questão, e que só vem à tona no final do texto, dedicado à poesia. Pois, "o que define o 'espírito' da poesia é justamente o poder de vincular várias ideias a uma mesma expressão, isto é, de transformar o discurso sucessivo em linguagem simultânea (em *hieróglifo* ou *emblema*, como diz a *Carta*)."[5] Resgatar o vínculo entre a linguagem e a sensação: imperativo que liga esta

---

4 Ver Maria das Graças de Souza, *Natureza e ilustração. Sobre o materialismo de Diderot*. São Paulo: Editora Unesp, 2002, cap. I.

5 Franklin de Mattos, "As mil bocas da sensação", in: *O filósofo e o comediante*. Belo Horizonte: UFMG, 2004, p.158.

*Apresentação*

segunda *Carta* à primeira, na qual certo sistema de signos — a metafísica — é desvinculado não de sensações, mas das abstrações às quais se pretendia dar relevo.

Tudo se passa como se a *Carta sobre os surdos-mudos* demonstrasse pelo avesso a tese que defende a respeito da poesia, vinculando uma única ideia, da unidade fisiológica do espírito humano como fundamento das artes, a uma pletora de questões. Como apreender alguma coisa que não é entidade metafísica, tampouco realidade física, que não se deixa reduzir ao poder de unificação do conceito? Movendo-se agilmente na superfície dos modos da expressão, Diderot nos desvia a cada instante dos atalhos que poderiam nos levar à estabilização que se consuma no entendimento. Exprime, assim, a força inerente à sensação, que dá ao pensamento, que dela deriva, uma dinâmica diferente da capacidade contemplativa da alma cartesiana e mesmo da serenidade afetiva do corpo espinosano.

Tomada por muitos como um pequeno tratado de estética, como um escrito menor, a *Carta sobre os surdos-mudos* realiza uma revisão dos preceitos da composição retórica, chegando, assim, a uma poética que o próprio Diderot irá aplicar a suas reflexões sobre a arte dramática (que ele mesmo contribui para renovar) e aos exercícios de descrição que pontuam a estranha "crítica de arte" empreendida nos *Salões*. Cai por terra, nessas reflexões, o lugar de destaque dado ao belo pela tratadística francesa, conceito aparentemente neutro que, no entanto, como mostrara a *Carta sobre os cegos*, depende de uma concepção muito parcial da sensibilidade humana. Doravante, não cabe ao artista, das palavras, sons ou imagens, imitar a natureza e, depurando-a, chegar à *belle nature* — tarefa essa, agora sabemos, intimamente ligada aos preconceitos do teísmo. A tarefa dele é outra: significar isso que permite o signo.

*13*

*Denis Diderot*

Esse remanejamento conceitual acarreta uma redefinição da própria arte, que perde o estatuto intelectual e se torna um experimento físico, desde a sensação do pintor, escultor ou escritor, que maneja seus materiais e constrói com eles uma ideia, até a do espectador, transformado pela experiência do contato físico direto com essas construções ou "máquinas" que são os objetos artísticos. Diderot nunca foi pintor ou poeta, e seus dramas filosóficos foram escritos em prosa. A palavra traduz a sensação e modula a paixão: é signo daquilo que, por seu turno, a significa. A ideia de ordem, criticada na outra *Carta*, é agora renovada: à diferença da Natureza que se põe e se faz a si mesma, o discurso se torna, nas mãos do escritor filosófico, a ilustração da unidade do espírito que o produziu, e que, agora sabemos, é pura atividade, ou energia.[6] Se cada gênero da arte tem seu objeto próprio, que não compartilha com os demais, todos têm essa mesma sensualidade que define a experiência artística, situada no escopo mais amplo da experiência sensorial. A arte não imita a natureza, que não é bela; formaliza uma experiência, da sensação, que, em estado bruto, contém os elementos necessários à produção do mais intenso prazer.

\* \* \*

Anos mais tarde, encontraremos o filósofo perambulando pelas galerias do Louvre, nas exposições anuais dedicadas aos jovens pintores (os célebres "Salões"), tapando as orelhas com as mãos para escutar melhor os quadros, tentado a tocar com as mãos telas que seus olhos já tocam, e encontrando, no colorido

---

6 Michel Delon, *L'Idée d'énergie au tournant des Lumières*. Paris: PUF, 1988, p.74-84.

*Apresentação*

dos quadros de Chardin, a própria substância das coisas imitadas.[7] O objeto artístico, fabricado pela hábil inteligência do pintor ou escultor, torna-se ocasião para uma experiência singular, de aguçamento da percepção, refinamento da sensação e intensificação do prazer. A contemplação se define como experiência sensorial que mobiliza o corpo inteiro do espectador, a exemplo do que fizera com o do artista. Escrever sobre essas obras exige que o autor tenha um controle desses elementos e saiba como transformá-los em signos determinados, os caracteres escritos, que possam produzir, no espírito do leitor, a sugestão das imagens que ele descreve ou às quais alude. Os contornos se esfumaçam, o belo é elevado à potência do sublime, a representação é reduzida ao sentimento ativo e vital que primeiro a torna possível.

No verbete "Composição", escrito para a *Enciclopédia* e publicado em 1753, dois anos depois da *Carta sobre os surdos-mudos*, Diderot elabora uma reflexão interessante, que permite medir a distância que separa a sua poética daquela do classicismo francês, com a qual, no entanto, ela ainda não rompe por completo.[8] Como observou meu colega Luís Nascimento, falecido prematuramente em 2022, em um texto que permanece inédito, grande parte do verbete é uma paráfrase do opúsculo de Shaftesbury, "Concepção do quadro histórico do julgamento de Hércules", no qual o filósofo inglês examina o momento exato a ser escolhido por um pintor que queira representar na tela a

---

7  Ver Jacqueline Lichtenstein, *La Tache aveugle. Essai sur les relations de la peinture et de la sculpture à l'âge moderne*. Paris: Gallimard, 2003, cap. 2.

8  Ver no original o v.3, p.772-4, e, na edição brasileira, o v.5.

história da escolha de Hércules entre o prazer e a virtude.[9] É um tema recorrente na iconografia pictórica, e, se Shaftesbury o retoma, é na tentativa de mostrar que, se os preceitos do desenho e da plástica, que tradicionalmente guiam a representação, são tão importantes, é porque deles depende a transmissão de uma mensagem moral.

O caráter moralizante da pintura é uma tópica recorrente dos *Salões*, e não admira que Diderot o explore desde 1753. Contudo, não devemos esquecer a parte final do verbete, onde Diderot se arrisca a estender as considerações de Shaftesbury à representação de outra cena de caráter moral, a entrada de Alcibíades no banquete de Sócrates, tal como ela ocorre no diálogo homônimo de Platão. Melhor seria falar em deslocamento, pois, agora, a virtude heroica e cívica do Hércules de Shaftesbury dá lugar a uma virtude amorosa e erótica, na qual as forças do corpo – digamos, suas capacidades fisiológicas, tão bem exploradas nas cartas – são direcionadas para a execução de atos de prazer, que, exceto em casos excepcionais, não implicam a extenuação. O sacrifício físico, substituído pela entrega, deixa de ser a condição da elevação de uma alma que se torna metáfora de uma condição sensorial particular à qual Diderot dá o nome de "eu".[10]

\* \* \*

As *Cartas* de Diderot foram publicadas num momento – a virada da década de 1740 para a de 1750, no chamado "Século

---

9 Shaftesbury, "A Notion of the Historical Draught of the Judgment of Hercules", in: *Second Characters, or the Language of Forms*. Ed. Benjamin Rand. Bristol: Thoemmes Press, 1995.

10 Ver Georges Vigarello, *O sentimento de si. História da percepção do corpo*. Trad. Francisco Morás. Petrópolis: Vozes, 2016, cap. 3.

*Apresentação*

das Luzes" — que conheceu uma reviravolta importante no mundo das letras europeias. Até então, a filosofia francesa se contentara em contestar, mais programaticamente do que conceitualmente, a herança cartesiana que pesava sobre os espíritos. As *Cartas filosóficas*, escritas da Inglaterra pelo jovem Voltaire e publicadas em 1726, tentaram abrir os olhos de seus compatriotas para a revolução inglesa, causada pela física de Newton, pelo método experimental de Bacon, pela filosofia sensualista de Locke. Esse manifesto abre caminho não somente para os desenvolvimentos posteriores da filosofia de Voltaire, como também para a adaptação, pela nova geração, dos métodos insulares à maneira de pensar continental. A abundância de referências aos ingleses na *Carta sobre os cegos* mostra que Diderot, tradutor de Shaftesbury, permanece um anglófilo resoluto. Dentre os franceses, ele destaca, além de Voltaire, Condillac, autor de um *Ensaio sobre a origem dos conhecimentos* (1746) e de um *Tratado dos sistemas* (1750), com os quais a *Carta*, embora não exprima uma concordância estrita, alinha-se estrategicamente. Essa *entente*, forjada havia algum tempo em encontros semanais no café La Coupole, dos quais Rousseau também participava, dura pouco. Com o *Tratado das sensações*, de 1754,[11] Condillac se afasta de seu mentor Locke e retoma a *Carta sobre os surdos-mudos*, mas mantém a investigação numa zona intermediária entre a metafísica, a gramática e a fisiologia. Diderot o acusa de plágio; a amizade se desfaz para sempre.

Na resenha do *Tratado das sensações* escrita por Grimm para a *Correspondance littéraire*, periódico que circula em tiragem limitada

---

11 Condillac, *Ensaio sobre a origem dos conhecimentos humanos*. Trad. Pedro Paulo Pimenta. São Paulo: Editora Unesp, 2016; e *Tratado das sensações*. Trad. Denise Bottman. Campinas: Editora Unicamp, 1994.

pelos altos círculos das cortes europeias, o livro de Condillac, embora receba elogios, é comparado desfavoravelmente ao de Diderot. Quase trezentos anos depois, compreendemos que essas rivalidades escondem um segredo precioso, de uma obra polimórfica, tecida coletivamente, que forma um legado — da Ilustração — com o qual volta e meia nos vemos obrigados a acertar contas. Redescobrir os textos, ganhar gosto pelo detalhe, apaixonar-se pela filigrana, são tantas maneiras de evitar as generalizações e de renovar com isso o exercício da crítica — quase sempre extenuante, via de regra compensador. A voz de Diderot, expressa com tanta vivacidade nas *Cartas*, pode ser um guia para os que queiram se dedicar à realização dessa tarefa.

\* \* \*

O presente volume reúne, pela primeira vez em português, as duas *Cartas*, oferecendo-as em novas traduções, da lavra de estudiosos mais do que familiarizados com os escritos de Diderot. O leitor encontrará, ainda, dois documentos complementares, o verbete "Cego", escrito por d'Alembert para a *Enciclopédia* (v.1, 1751), na verdade uma resenha crítica da *Carta sobre os cegos*, bem como a resenha do *Tratado das sensações*, escrita por Grimm, como dissemos, para a *Correspondance littéraire*, que inclui uma apologia da *Carta sobre os surdos-mudos*. Os textos de Diderot foram traduzidos a partir da edição crítica, *Œuvres complètes*, v.4 (Paris: Hermann, 1978), junto à qual foi encontrado o material para a elaboração das notas de referência.

Pedro Paulo Pimenta
Universidade de São Paulo, maio de 2023

# Carta sobre os cegos, para uso dos que veem

# Carta sobre os cegos,
## para uso dos que veem; com uma adição[1]

*Possunt, nec posse videntur*[2]

Eu bem que suspeitara, madame, que o cego de nascença que teve a catarata removida[3] pelo sr. Réaumur não vos ensinaria o que queríeis saber; mas não poderia adivinhar que não seria por culpa dele nem pela vossa.[4] Dirigi-me ao seu benfeitor diretamente, recorri a seus melhores amigos pelos cumprimentos

---

1 Tradução de Maria das Graças de Souza.

2 "São capazes porque creem que são." Virgílio, *Eneida*, livro 5, verso 231. Trad. Carlos Alberto Nunes. São Paulo: Editora 34, 2014.

3 No original, *"abaissement de la cataracte"*, em referência ao método aplicado por Réaumur; o outro método então utilizado, dito *"par extraction"*, foi desenvolvido por Daviel na *Lettre sur les maladies des yeux* (1748). Ver nas *Adições* o elogio de Diderot a este último. Em português, utilizou-se "remoção", que é o verbo em uso por referência à operação das cataratas em geral, independente do método.

4 Réaumur (1683-1757), matemático e naturalista, membro da Academia Real de Ciências, autor de uma célebre *Histoire des insectes* (1734), desafeto de acadêmicos mais jovens, como d'Alembert, e de espíritos livres, como Diderot, e, em breve, adversário da *Enciclopédia*.

que lhe fiz, mas não obtive resposta, e os curativos serão retirados sem a vossa presença. Pessoas da mais alta distinção tiveram a honra de sofrer a mesma recusa que os filósofos, ou, para ser franco, ele preferiu erguer o véu diante de olhos despreparados. Se estais curiosa para saber por que esse valoroso acadêmico realizou em segredo experiências que, em vossa opinião, só poderiam se beneficiar de testemunhas esclarecidas, responderei que as observações de um homem tão célebre têm menos necessidade de espectadores quando são feitas que de ouvintes quando já estão feitas. Por isso, madame, retorno ao meu plano inicial, e, forçado a passar sem uma experiência da qual não espero quase nada para a minha instrução ou para a vossa, mas da qual, sem dúvida, o sr. Réaumur saberá tirar proveito, pus-me a filosofar com meus amigos sobre a importante matéria que é objeto dela.[5] Como eu ficaria feliz, se o relato de uma de nossas conversas pudesse substituir o espetáculo que tão levianamente vos prometi!

No mesmo dia em que o prussiano[6] operava a filha de Simoneau, eu e meu amigo fomos a Puiseaux conversar com um cego de nascença.[7] É um homem a quem não falta bom senso, conhecido de todos, que tem algumas noções de química e que acompanhou, com algum êxito, os cursos de botânica do Jardim do Rei. Seu pai professava a filosofia sob aplausos na Universidade

---

5 Dentre eles, na opinião dos estudiosos, deve-se contar Buffon, que no mesmo ano da *Carta* de Diderot publica, na *História natural*, uma seção intitulada "Do sentido da visão", em que discute os cegos. Ver Buffon, *História natural*, Org. e trad. Isabel Coelho Fragelli et al. São Paulo: Unesp, 2020, p.265-84.

6 Trata-se do oculista prussiano Hilmer.

7 Puiseaux é uma pequena cidade no interior da França.

*Carta sobre os cegos*

de Paris. De início, nosso cego gozava de uma fortuna razoável, que facilmente lhe teria permitido satisfazer os sentidos que lhe restam. Mas o gosto pelo prazer o arrastou na juventude. Abusou de suas inclinações; a administração doméstica foi perturbada, e ele se retirou para um pequeno vilarejo de província. Uma vez por ano, viaja a Paris. Quando retorna, traz licores que ele mesmo destila e que muito agradam às pessoas. São circunstâncias pouquíssimo filosóficas, que, até por essa razão, podem vos dar uma ideia de que o personagem de que vos falo não é imaginário.

Chegamos à casa de nosso cego por volta das cinco da tarde e o encontramos às voltas com seu filho, ensinando-o a ler a partir de caracteres em relevo. Levantara-se havia não mais que uma hora. Sabeis que o dia começa para ele quando termina para nós. Costuma se ocupar dos afazeres domésticos e trabalhar durante as horas em que os outros repousam. À meia-noite, nada o perturba e ele não perturba ninguém. Começa pondo em ordem a bagunça feita durante o dia. Quando sua mulher acorda, costuma encontrar a casa inteira arrumada. A dificuldade de reencontrar coisas perdidas torna os cegos amigos da ordem, e percebi que os seus próximos compartilhavam essa qualidade com ele, seja por seguirem o seu bom exemplo, seja por terem um sentimento de humanidade para com ele. Como os cegos seriam tristes sem as pequenas atenções daqueles ao seu redor! Sem elas, nós mesmos seríamos dignos de pena. Os grandes serviços são como barras de ouro ou de prata, que raramente temos ocasião de utilizar; já as pequenas atenções são moeda de uso corrente, que devemos ter sempre à mão.

Nosso cego julga muito bem as simetrias. A simetria talvez seja para nós uma questão de pura convenção; e certamente o é, em muitos aspectos, para um cego, em suas relações com os que veem. De tanto estudar com o tato a disposição que exigimos entre as partes que compõem um todo para que possamos chamá-lo de belo, um cego consegue fazer uma aplicação correta desse termo.[8] Mas, quando ele diz *isto é belo*, não julga: relata o juízo dos que veem, como, de resto, também o fazem três quartos dos que julgam uma peça de teatro após tê-la ouvido ou um livro após tê-lo lido. Para um cego, a beleza é uma mera palavra, quando dissociada da utilidade. Com um órgão a menos, quantas coisas não há cuja utilidade lhe escapa! Não são dignos de pena, por só considerarem belo o que é bom? Quantas coisas admiráveis se perdem para eles! O único bem que compensa essa perda é terem ideias do belo que podem até ser menos extensas, mas são mais claras que as dos filósofos clarividentes que tão longamente as discutiram.

Nosso cego fala de espelho a todo momento. Poderíeis pensar que ele não sabe o que significa essa palavra, mas jamais lhe ocorreria colocar um espelho à contraluz. Exprime-se de modo tão sensato como nós sobre as qualidades e os defeitos do órgão que lhe falta. Se não associa nenhuma ideia aos termos que emprega, ao menos tem a vantagem, sobre a maioria dos homens, de não os pronunciar de maneira inadequada. Discorre tão bem e de modo tão correto sobre tantas coisas que lhe são absolutamente desconhecidas, que o convívio com ele tiraria muito da força dessa indução que todos fazemos, sem

---

8 Compare-se à definição oferecida no verbete "Belo", da *Enciclopédia*, depois abandonada por Diderot nos escritos sobre os salões, publicados a partir de 1763. Ver *Enciclopédia*, ed. brasileira, v.5, São Paulo: Editora Unesp, 2015; e Diderot, *Ensaios sobre a pintura*, trad. Enid Abreu Dobranzsky. Campinas: Editora Unicamp, 2013.

*Carta sobre os cegos*

saber por quê, do que se passa em nós para o que se passa dentro dos outros.

Perguntei-lhe o que ele entendia por espelho, e ele respondeu: "É uma máquina que põe as coisas em relevo, longe de si mesmas, desde que estejam posicionadas no lugar certo em relação a ela. É como a minha mão, não é preciso que a ponha ao lado de um objeto para que possa senti-lo". Se Descartes tivesse sido um cego de nascença, certamente teria aplaudido essa definição. Peço-vos que considereis devidamente a sutileza necessária para combinar determinadas ideias e chegar a essa constatação. Nosso cego só conhece os objetos a partir do tato; está ciente, pelo que os outros dizem, de que eles conhecem os objetos por meio da visão assim como ele os conhece pelo tato. É a única noção que ele tem a respeito. Ele sabe, além disto, que não vemos nosso próprio rosto, embora possamos tocá-lo. Conclui, então, que a visão é uma espécie de tato, que se estende a outros objetos, diferentes de nosso rosto e afastados de nós. Aliás, a única ideia que o tato lhe fornece é a de relevo. Logo, ele acrescenta, o espelho é uma máquina que nos põe em relevo fora de nós mesmos. Quantos filósofos renomados empregaram menos sutileza para chegar a noções igualmente falsas! Que coisa surpreendente é um espelho, para o nosso cego! Qual não foi o seu espanto, quando lhe dissemos que algumas dessas máquinas ampliam os objetos, enquanto outras, sem duplicá-los, os deslocam, aproximam, distanciam, e dão a perceber, aos olhos dos naturalistas, as suas menores partes? Que há outras que os multiplicam aos milhares, e que parecem desfigurá-los por completo? Dirigiu-nos mil perguntas bizarras a respeito. Perguntou-nos, por exemplo, se esses que chamamos de naturalistas são os únicos que veem no microscópio, e os astrônomos, os únicos que veem no telescópio; se a máquina que aumenta os objetos é maior que aquela que os diminui; se a que os aproxima é mais curta que aquela que os põe a distância; e não compreendia como isto que o espelho põe em relevo poderia escapar ao sentido do tato, dizendo, "Essa pequena máquina põe em contradição esses dois sentidos: uma outra, mais perfeita, talvez os pusesse de acordo, sem que por isso os objetos fossem mais reais; talvez uma terceira, mais perfeita ainda e menos traiçoeira, os suprimisse por completo, advertindo-nos do erro".

*Figura 1: imagem emprestada da* Dióptrica *de Descartes*

# Carta sobre os cegos

E o que são, em vossa opinião, os olhos?, perguntou-lhe o sr.... Ao que o cego respondeu: "Órgãos em que o ar produz um efeito como o que o meu bastão provoca em minha mão". Essa resposta nos fez cair das nuvens. Enquanto nos entreolhávamos admirados, ele prosseguiu: "Tanto é verdade, que, quando interponho a minha mão entre vossos olhos e um objeto, ela está presente a vós, mas o objeto está ausente. O mesmo se passa comigo quando procuro alguma coisa com meu bastão e encontro outra".

Se abrirdes a *Dióptrica* de Descartes, madame, vereis os fenômenos da visão relacionados aos do tato, e pranchas de ótica cheias de figuras de homens ocupados em ver com bastões [Figura I].[9] Descartes, e todos o que vieram depois dele, não conseguiram oferecer ideias tão claras da visão; quanto a isso, a vantagem do grande filósofo em relação ao nosso cego era tão grande quanto a de qualquer pessoa que tenha olhos.

Não nos ocorreu interrogá-lo sobre a pintura e a escrita, mas é evidente que não há questões às quais a sua comparação não poderia responder. Sem dúvida ele diria que querer ler ou enxergar sem ter olhos é como procurar por uma agulha com um bastão. Mas mencionamos os gêneros de perspectivas que dão relevo aos objetos, a um só tempo tão similares e tão diferentes dos espelhos. Demo-nos conta de que eles prejudicavam, embora também favorecessem, a ideia que ele formara do espelho; inclinava-se a pensar que, assim como o espelho pintava os objetos, o pintor, para representá-los, talvez pintasse um espelho.

---

9 Ver *A Dióptrica*, em Descartes, *Discurso do método e ensaios*. Org. Pablo Mariconda. São Paulo: Editora Unesp, 2018.

Nós o vimos enfiar a linha em agulhas muito miúdas. Peço-vos licença, madame, para vos sugerir que interrompais a leitura e imaginai por um instante o que faríeis em seu lugar. Para o caso de não encontrardes um expediente, vos direi qual o adotado pelo nosso cego. Ele dispõe a abertura da agulha transversalmente entre os lábios na mesma direção que a da boca; depois, com a ajuda da língua e da sucção, puxa o fio que lhe segue o alento, a menos que seja grosso demais para a abertura; mas, nesse caso, o embaraço de quem é privado da visão é tão grande quanto o de quem vê.

Sua memória dos sons chega a um grau surpreendente, e a diversidade que ele percebe nas vozes não é menor que aquela que os rostos nos oferecem. As vozes têm para ele uma infinidade de delicadas nuances que nos escapam, pois não percebemos com o mesmo interesse que o cego. Essas nuances são para nós como o nosso próprio rosto. De todos os homens que vimos, nós mesmos somos aqueles de quem menos nos lembramos. Estudamos os rostos com o intuito de reconhecer as pessoas; e, se não retemos o nosso, é porque não corremos o risco de nos tomar por um outro nem a um outro por nós. O auxílio recíproco entre os nossos sentidos é um obstáculo ao seu aperfeiçoamento. Não é a última vez que farei essa observação.

Nosso cego nos disse que lamentaria muito se fosse privado das mesmas vantagens que temos, e seria tentado a nos considerar como inteligências superiores, se não tivesse sentido mil vezes quão inferiores somos a ele em certos aspectos. Essa reflexão nos levou a uma outra. Esse cego, dissemos, estima-se tanto a si mesmo quanto a nós que vemos, senão mais. Ora, se é assim, por que o animal, que sem dúvida raciocina, comparando suas vantagens em relação ao homem, não faria um juízo semelhante, se elas são maiores que as do homem em relação a ele? Diria o mosquito, se este aí tem braços, eu tenho asas, e o leão, se ele tem armas, eu tenho garras. O elefante nos veria como insetos. Todos os animais, concedendo-nos de bom grado uma razão que nos priva de um instinto como o seu, poderiam alegar que, com o seu instinto, podem bem passar sem a razão. Nossa inclinação a sobrestimar nossas qualidades e a diminuir nossos defeitos é tão violenta que poderia parecer que ao homem incumbe o tratado da força, e ao animal, o da razão.[10]

A um de nós ocorreu perguntar ao cego se ele ficaria contente se ganhasse olhos. Ao que ele respondeu: "Se a curiosidade não me dominasse, eu preferiria ter braços longos, pois me parece que minhas mãos me instruiriam melhor do que vossos olhos ou telescópios a respeito do que se passa na Lua. Além disso, os olhos deixam de ver antes que as mãos deixem de tocar. Mais valeria, portanto, aperfeiçoar o órgão que tenho do que me atribuir aquele que me falta".

Nosso cego se volta para os sons e a voz de maneira tão decidida que não duvido que, com o treino, se tornasse muito hábil, para não dizer perigoso. Contarei um caso que vos mostrará que faríamos mal em nos expor a uma pedrada ou um tiro de pistola vindo de um cego, por mais inábil que ele fosse no manejo dessas armas. Quando era jovem, nosso cego envolveu-se em uma discussão com um de seus irmãos; abalado com a situação, pegou o primeiro objeto em que pôs as mãos e o atirou contra ele, atingindo-o bem no meio da testa e jogando-o ao chão.

---

10 Diderot retoma aqui uma tópica do ceticismo cara a Montaigne e que, a essa altura, fora recuperada por Hume, entre outros. Logo se tornará um lugar-comum das Luzes.

Por causa dessa aventura e de outras similares, a polícia foi chamada. Mas os sinais externos de poder, que tão vivamente nos afetam, não se impõem aos cegos. O nosso compareceu diante do magistrado como se tivesse, diante de si, um igual. Suas ameaças não o intimidaram, ao contrário. Dirigiu-se ao sr. Hérault, dizendo: "O que fareis comigo?" – "Vos lançarei numa masmorra", respondeu o magistrado. – "Ah, sr.", replicou o cego, "há vinte anos que me encontro em uma". Que resposta, madame! Que pretexto para alguém como eu, que adora moralizar! Deixamos a vida como se estivéssemos saindo de um espetáculo encantador; o cego a deixa como se estivesse saindo de um calabouço. Se experimentamos mais prazeres do que ele, haveis de concordar que ele tem muito menos receio da morte que nós.

O cego de Puiseaux avalia a proximidade do fogo a partir do grau de calor, se os vasos estão cheios a partir do som dos líquidos que neles são despejados, a proximidade dos corpos a partir do ar que bate em seu rosto. É tão sensível às menores variações de atmosfera que consegue distinguir uma rua de um beco. Aprecia o peso dos corpos e as capacidades dos vasos; faz dos seus braços balanças tão precisas, e de seus dedos, compassos tão destros, que, sempre que essa estática for requerida, apostarei em nosso cego contra vinte pessoas que veem. Para ele, a maciez dos corpos tem tantas nuances quanto o som da voz, e não tomaria uma outra por sua mulher, a não ser que ganhasse com a troca. Tudo leva a crer que, num povo de cegos, ou as mulheres seriam compartilhadas ou as leis contra o adultério seriam bastante rigorosas. Seria muito fácil para uma mulher enganar o marido, bastaria, para tanto, combinar um sinal com seus amantes.

Nosso cego julga a beleza pelo tato, o que é compreensível. Mais difícil é entender por que inclui nesse julgamento a

*Carta sobre os cegos*

pronunciação e o som da voz. Cabe aos anatomistas nos dizer se há alguma relação entre as partes da boca e do palato e a forma externa do rosto. Ele tece peças no torno e na agulha; nivela com o esquadro; monta e desmonta máquinas comuns; sabe música o suficiente para executar uma peça cujas notas e valores lhe sejam ditados. Calcula a duração do tempo com mais precisão do que nós, a partir da sucessão das ações e pensamentos. Valoriza muito nos outros algumas qualidades, como a pele macia, a corpulência, a musculatura firme, proporções bem-feitas, o bom hálito e uma voz doce e bem colocada.

Casou-se para ter olhos que fossem seus. Pensara antes em associar-se a um surdo, que lhe emprestaria os olhos em troca de seus ouvidos. Nada me pareceu tão espantoso quanto sua singular aptidão para um grande número de coisas. Quando mostramo-nos surpresos, ele disse: "Percebo, senhores, que não sois cegos: ficais admirados com o que faço; mas por que não vos espantais com o que falo?". Parece-me que essa resposta contém mais filosofia do que ele poderia imaginar. É surpreendente a facilidade com que aprendemos a falar. Se conseguimos associar uma ideia ao sem-número de termos que não podem ser representados por objetos sensíveis, e que, por assim dizer, não têm corpos, é recorrendo a uma série de combinações sutis e analogias profundas que observamos entre esses objetos não sensíveis e as ideias que eles despertam. Por conseguinte, um cego de nascença deve ter mais dificuldade para aprender a falar que outro que se tornou cego, já que ele conta com um número maior de objetos não sensíveis. Seu campo de comparação e combinação é bem menor. Como querer, por exemplo, que a palavra "fisionomia" seja afixada em sua memória? É uma espécie de reconhecimento de um objeto pouco sensível para um cego, e nós mesmos, que vemos, nos sentiríamos constrangidos se nos pedissem para dizer ao certo o que vem a ser algo como uma fisionomia. Se ela reside principalmente nos olhos, o tato não tem o que fazer. O que significariam, para um cego, expressões como olhos mortos, olhos vivos, olhos do espírito etc.?

Concluo que sem dúvida recebemos um auxílio considerável de nossos sentidos e de nossos órgãos. Seria outra coisa, inteiramente diferente, exercê-los em separado, sem mobilizar dois quando o auxílio de um único fosse suficiente. Acrescentar o tato à vista quando os olhos já bastam é como ter dois cavalos com força suficiente e atrelar a eles um terceiro que puxa as rédeas em direção oposta à deles.

Como nunca duvidei que o estado de nossos órgãos e de nossos sentidos tem influência sobre a nossa metafísica e a nossa moral, e que mesmo as nossas ideias mais puramente intelectuais dependem fortemente da conformação de nosso corpo, eu me pus a questionar o nosso cego sobre as virtudes e os vícios. Percebi, de saída, que ele tinha uma aversão enorme pelo roubo, e que ela vinha de duas causas: a facilidade de roubá-lo sem que ele percebesse e, mais ainda talvez, a facilidade com que seria pego se tentasse roubar. Não é que ele não saiba se proteger contra as investidas do sentido do qual carece ou não saiba roubar às escondidas. Não faz caso do pudor: não fosse pelo frio, do qual as roupas o protegem, não compreenderia o seu uso. Confessa francamente que não consegue entender por que cobrimos uma parte do corpo mais do que a outra, e menos ainda o porquê dessa esquisitice que dá preferência a algumas partes e não a outras, cujo uso e cujas indisposições frequentes recomendariam que as deixássemos livres. Vivemos num século em que o espírito filosófico nos livrou de muitos preconceitos, mas

*Carta sobre os cegos*

não creio que chegaremos um dia a ignorar as prerrogativas do pudor tão perfeitamente quanto o nosso cego. Para ele, Diógenes não teria sido um filósofo.

De todos os sinais externos que despertam em nós a comiseração e as ideias de dor, os cegos só são afetados pela queixa; suspeito que, em geral, sejam desumanos.[11] Que diferença haveria, para um cego, entre um homem que urina e outro que, sem se queixar, abre as próprias veias e derrama o próprio sangue? Nós mesmos não deixamos de sentir a compaixão, quando a distância ou a pequenez dos objetos produz em nós um efeito similar ao da privação da vista, nos cegos? Nossas virtudes dependem de nosso modo de sentir e da intensidade com que as coisas externas nos afetam. Por isto, tenho certeza de que, não fosse pelo medo do castigo, muitas pessoas teriam menos dificuldade para matar um homem que estivesse a distância e elas vissem como do tamanho de uma andorinha, do que de estrangular um boi com as próprias mãos. O mesmo princípio não nos determina, quando sentimos compaixão por um cavalo que sofre, mas não temos nenhum escrúpulo de esmagar uma formiga? Ah, madame, como a moral dos cegos é diferente da nossa! E a dos surdos, quão diferente não é, em relação à dos cegos! Um ser que tivesse um sentido a mais do que nós julgaria a nossa moral imperfeita, para não dizer inferior à dele.

Tampouco a nossa metafísica concorda com a dos cegos. Quantos de seus princípios são absurdos para nós, e inversamente! Eu poderia entrar em detalhes a respeito, e sem dúvida vos divertiria, mas algumas pessoas que veem crime em tudo

---

11 Diderot abandona essa impressão precipitada nas Adições de 1782 à *Carta*, incluídas neste volume (ver p.92).

não deixariam de me acusar de irreligião, como se dependesse de mim fazer com que os cegos percebessem as coisas de modo diferente. Contento-me em observar algo que me parece pacífico. Para os cegos, o grande raciocínio extraído das maravilhas da natureza é muito fraco. A facilidade que temos, por assim dizer, de criar novos objetos a partir de um pequeno espelho, é mais incompreensível para eles do que astros que jamais verão. Esse globo luminoso que vai do oriente para o ocidente os espanta menos que um pequeno fogo que eles podem comodamente aumentar ou diminuir; e, como veem a matéria de um modo muito mais abstrato do que nós, estão menos longe de crer que ela pensa.[12]

Se um homem que enxergou por apenas um dia ou dois se encontrasse de súbito em meio a um povo de cegos, teria de escolher entre calar-se ou se passar por louco. Anunciaria todos os dias um novo mistério, que só seria mistério para eles, e nos quais os espíritos fortes fariam bem em não acreditar. Que proveito poderiam os defensores da religião extrair de uma incredulidade tão arredia, e cabe dizer, sob certos aspectos, tão correta, embora sem fundamento? Se considerais por um instante essa suposição, ela talvez vos traga à memória a história das perseguições dos que tiveram a infelicidade de encontrar a verdade nos séculos de trevas e a imprudência de revelá-la aos cegos seus contemporâneos, dentre os quais poucos inimigos foram tão cruéis quanto aqueles que, devido à sua condição e educação, pareciam estar mais próximos de suas opiniões.

---

12 A hipótese de que a matéria poderia pensar, ou, ao menos, de que isso não é contraditório, é aventada por Locke no *Ensaio sobre o entendimento humano*, livro IV, cap. 3.

*Carta sobre os cegos*

Deixo a moral e a metafísica dos cegos e passo a coisas menos importantes, porém mais próximas das observações realizadas após a chegada do prussiano. Primeira questão: como um cego forma ideias de figuras? Creio que os movimentos de seu corpo, a presença contínua de sua mão em vários lugares, a sensação não interrompida de um corpo que desliza entre seus dedos, lhe dão a noção de direção. Se ele desliza os dedos ao longo de um fio bem esticado, tem a ideia de uma linha reta; se segue a curva de um fio solto, tem a ideia de uma linha curva.[13] De modo mais geral, ele tem, por meio das experiências reiteradas do tato, uma memória de sensações experimentadas em diferentes pontos, e pode combinar essas sensações ou pontos, formando com elas as figuras. Para um cego que não seja geômetra, uma linha reta é a memória de uma série de sensações do tato situadas ao longo de um fio estirado; uma linha curva, é a memória de uma série de sensações do tato relacionadas à superfície de um corpo sólido, côncavo ou convexo. O estudo retifica para o geômetra a noção dessas linhas, a partir das propriedades que ele descobre nelas. Geômetra ou não, o cego de nascença relaciona tudo à extremidade de seus dedos. Combinamos pontos coloridos; ele combina pontos palpáveis, ou, para falar com mais rigor, sensações do tato das quais tem uma memória. O que se passa em sua cabeça não é análogo ao que se encontra na nossa. Ele não imagina; pois, para imaginar, é preciso colorir um fundo e destacar pontos desse fundo, supondo uma cor diferente. Devolvei a esses pontos a mesma cor do fundo: no mesmo instante eles

---

13  Diderot entende que a geometria é uma ciência que depende, em última instância, da sensação do tato, à diferença de d'Alembert, que a remete à visão.

*Denis Diderot*

se confundem, e a figura desaparece. Pelo menos é assim que as coisas são executadas em minha imaginação, e presumo que os outros imaginem do mesmo modo. Logo, quando me proponho a perceber em minha cabeça uma linha reta que não seja a partir de suas propriedades, começo por colocá-la em uma tela branca na qual destaco pontos negros situados na mesma direção. Quanto mais definidas as cores do fundo e dos pontos, mais distintamente percebo estes últimos; uma figura de uma cor muito vizinha àquela do fundo não me cansa menos, quando a considero em minha imaginação, do que fora de mim, sobre uma tela.

Vede, pois, madame, que poderiam ser dadas leis para facilmente imaginar ao mesmo tempo vários objetos com cores diferentes. Mas essas leis certamente não teriam uso para um cego de nascença. Como não pode colorir, nem, portanto, figurar como nós, o cego de nascença só tem a memória das sensações obtidas pelo tato, que ele relaciona a diferentes pontos, lugares e distâncias, e com as quais compõe as figuras. Para ver que é impossível figurar na imaginação sem colorir, basta que nos deem para tocar, no escuro, pequenos glóbulos cuja matéria e cor não conhecemos: suporemos que eles são brancos ou pretos ou de alguma outra cor, ou, se não associarmos a eles uma cor, tudo o que teremos, como o cego de nascença, é a memória de pequenas sensações excitadas na extremidade dos dedos, como as que os pequenos corpos arredondados podem ocasionar. Se essa memória é excessivamente fugidia e não temos uma ideia da maneira pela qual o cego fixa, recorda e combina as sensações do tato, é por causa do hábito, que adquirimos com os olhos, de executar tudo a cores, em nossa imaginação. Mas, já me aconteceu, em meio às agitações de uma paixão violenta, de experimentar um calafrio em minha mão, sentir que a impressão de corpos que ela tocou há muito tempo despertava tão vivamente como se estivessem presentes e perceber de maneira distinta que os limites da sensação coincidiam precisamente com esses corpos ausentes. A sensação, embora seja em si mesma indivisível, ocupa, se podemos nos servir desse termo, um espaço extenso que o cego de nascença tem a faculdade de aumentar ou diminuir em pensamento, alterando assim a parte afetada. Ele compõe, assim, pontos, superfícies, sólidos, e, eventualmente, um sólido tão grande como o globo terrestre, desde que suponha que a ponta de seus dedos é tão grande quanto o globo, e ocupado pela sensação em comprimento, largura e profundidade.

Não conheço uma demonstração melhor da realidade do sentido interno do que essa faculdade, fraca em nós, mas forte nos cegos de nascença, de sentir ou recordar a sensação dos corpos mesmo quando estão ausentes e não atuam mais sobre nós. É impossível explicar para um cego de nascença como a imaginação pinta os objetos ausentes como se estivessem presentes, mas reconhecemos em nós mesmos a faculdade de sentir na extremidade de um dedo um corpo que não está mais lá, assim como acontece com o cego. Para isso, apertai o indicador contra o polegar; fechai os olhos; separai os dedos; examinai, imediatamente após essa separação, o que se passa em vós, e dizei-me se a sensação não perdura muito tempo depois de cessada a compressão, se, enquanto dura a compressão, vossa alma não parece estar mais na extremidade de vossos dedos do que em vossa cabeça, e se essa compressão não vos dá a noção de uma superfície, a partir do espaço ocupado pela sensação.

Se um dia um filósofo cego e surdo de nascença criar um homem a partir de uma imitação daquele de Descartes, ouso vos assegurar que ele colocará a alma na ponta dos dedos, pois

daí vêm as suas principais sensações, e todos os seus conhecimentos.[14] Quem diria que sua cabeça é a sede de seus pensamentos? Se os trabalhos da imaginação esgotam a nossa, é porque o
esforço que fazemos para imaginar é similar ao que fazemos para
perceber objetos muito próximos ou muito pequenos. Com o
cego e o surdo de nascença, é diferente. As sensações que terá
experimentado pelo tato serão, por assim dizer, o molde de
todas as suas ideias, e eu não me surpreenderia se, após uma
meditação profunda, sentisse nos dedos uma fadiga tão grande
como a que sentimos na cabeça. A mim, pouco importa que
um filósofo objetasse a ele que os nervos são a causa de nossas sensações, e que todos partem do cérebro;[15] pois, ainda que
essas proposições, sobretudo a primeira, estivessem mais bem
demonstradas do que estão, bastaria, para que ele mantivesse a
sua opinião, que alegasse o que os físicos cogitaram a respeito.

Ora, se a imaginação de um cego se resume à faculdade de
recordar e combinar sensações de pontos palpáveis, e a do
homem que vê, à faculdade de recordar e combinar pontos visí-
veis e coloridos, segue-se que o cego de nascença percebe as coisas de maneira muito mais abstrata do que nós e está menos
exposto ao erro, em questões de pura especulação. Pois, como
a abstração consiste em separar pelo pensamento as qualidades sensíveis dos corpos, ou umas das outras ou do corpo que
lhes serve de base, o erro consiste na separação malfeita ou inapropriada. Malfeita em questões metafísicas, inapropriada

---

14 Possível alusão ao *Tratado do homem*, de Descartes.

15 Tese defendida por La Mettrie, *Traité de l'âme*, 1745, e posteriormente
adotada pelo próprio Diderot no *Sonho de d'Alembert*. Ver *O sonho de
d'Alembert e outros escritos*. Trad. Maria das Graças de Souza. São Paulo:
Editora Unesp, 2023.

nas físico-matemáticas. Um meio quase certo de se enganar em metafísica é não simplificar o suficiente os objetos de que nos ocupamos; o segredo para obter resultados defeituosos na físico-matemática é supô-los menos compostos do que são.

Há uma espécie de abstração de que poucos homens são capazes, que parece estar reservada às inteligências puras. Refiro-me à ideia de que tudo é redutível a unidades numéricas. Reconheçamos que os resultados de uma geometria como essa seriam bem exatos, e suas fórmulas, bem gerais, pois não há objetos, seja na natureza, seja no possível, cujas unidades simples não possam representar pontos, linhas, superfícies, sólidos, pensamentos, ideias, sensações; e ... se, por acaso, fosse este o fundamento da doutrina de Pitágoras, poder-se-ia dizer que o seu projeto fracassou, pois essa maneira de filosofar, muito elevada para nós, está mais próxima do Ser Supremo, que, na expressão engenhosa de um geômetra inglês,[16] *geometriza* perpetuamente no universo.

A unidade pura e simples é um símbolo demasiado vago e geral para nós. Nossos sentidos remetem a signos mais análogos à extensão de nosso espírito e à conformação de nossos órgãos. Procedemos para que esses signos fossem comuns entre nós e servissem, por assim dizer, de entreposto para o comércio mútuo de nossas ideias. Instituímos os caracteres para os olhos e os sons articulados para os ouvidos, mas não temos nenhum signo para o tato, embora exista uma maneira própria de falar para esse sentido e obter respostas. Na falta de uma língua como esta, rompe-se a comunicação entre nós e os que nasceram

---

16 Joseph Rapson, geômetra inglês, membro da Sociedade Real de Ciências de Londres e autor de uma *History of Fluxions* (1710).

surdos, cegos ou mudos. Eles crescem, mas permanecem em um estado de imbecilidade. Poderiam, no entanto, adquirir ideias, se, desde a infância, nos fizéssemos entender por eles recorrendo a um método invariável, constante e uniforme, quer dizer, se traçássemos sobre a sua mão os mesmos caracteres que traçamos no papel, associando a eles a mesma significação invariável.[17]

Uma linguagem como esta, madame, não vos parece tão cômoda quanto qualquer outra? Não é, como toda outra, inteiramente inventada? Ousaríeis dizer que nunca vos comunicaram algo dessa maneira? Sendo assim, trata-se apenas de fixá-la e, caso se julgue que a expressão com os caracteres ordinários da escrita é muito lenta para os sentidos, de elaborar sua gramática e seu dicionário.

Os conhecimentos têm três portas de entrada em nossa alma, mas uma delas se encontra fechada devido à falta de signos. Se tivéssemos negligenciado as outras duas, estaríamos reduzidos à condição dos animais. Assim como só temos a pressão para nos fazermos entender pelo sentido do tato, só teríamos o grito para falar ao ouvido. É preciso ser privado de um dos sentidos para compreender as vantagens dos símbolos destinados aos outros, e aqueles que tivessem a infelicidade de nascer surdos, cegos e mudos, ou de perder esses três sentidos por acidente, ficariam encantados se houvesse uma língua clara e precisa destinada ao tato.

É muito mais fácil usar símbolos inventados do que inventá-los, como temos de fazer quando somos pegos desprevenidos.

---

17 A discussão sobre o método de ensino retorna na *Carta sobre os surdos-mudos*, incluída neste volume.

Que vantagem não teria Saunderson[18] se, aos 5 anos, tivesse encontrado uma aritmética preparada em vez de ter de imaginá-la aos 25! Esse Saunderson, madame, é outro cego a respeito do qual devo vos falar. Contam-se prodígios sobre ele, e seus progressos nas belas-letras e sua habilidade nas ciências matemáticas nos dão razão para crer que sejam verdadeiros.

A mesma máquina lhe servia para os cálculos algébricos e a descrição das figuras retilíneas. Não ficaríeis aborrecida com a explicação que vos oferecerei, contanto que estejas disposta a ouvi-la. Vereis que ela não supõe nenhum conhecimento que não tendes, e vos será muito útil, se por acaso tivésseis o desejo de fazer longos cálculos às escuras.

Imaginai um quadrado, tal como vedes na figura 2, dividido em quatro partes iguais por linhas perpendiculares aos lados, de modo que ele vos oferece os nove pontos 1, 2, 3, 4, 5, 6, 7, 8, 9. Suponde esse quadrado furado com nove buracos capazes de receber alfinetes de duas espécies, todos do mesmo comprimento e grossura, mas umas com a cabeça um pouco mais grossa que as outras.

Os alfinetes de cabeça mais grossa eram sempre colocados apenas no centro do quadrado; os de cabeça pequena, apenas sobre os lados, exceto num único caso, o do zero. O zero era marcado por um alfinete de cabeça grande, situado no centro do quadrado pequeno, sem que houvesse nenhum outro alfinete dos lados. O número 2 por um alfinete de cabeça grande, situado no centro do quadrado, e por um outro também de cabeça pequena situado sobre um dos lados no ponto 1. O número 3, por um alfinete de

---

18 Nicolas Saunderson (1682-1739), geômetra inglês, professor de matemática e de física em Cambridge.

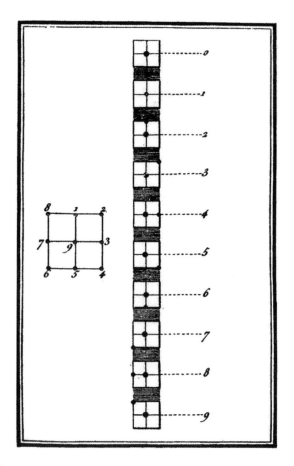

*Figura 2*

cabeça grande, situado no centro do quadrado, e por outro de cabeça pequena, situado sobre um dos lados no ponto 2. O número 4, por um alfinete de cabeça grande, situado no centro do quadrado, e por outro de cabeça pequena situado sobre um dos lados no ponto 3. O número 5 por um alfinete de cabeça grande, situado no centro do quadrado, e por outro de cabeça pequena, situado ao lado do ponto 4. O número 6, por um alfinete de cabeça grande, situado no centro do quadrado, e por outro de cabeça pequena, sobre um dos lados no ponto 5. O número 7, por um alfinete de cabeça grande, situado no centro do quadrado, e por outro pequeno, situado sobre um dos lados do ponto 6. O número 8, por um alfinete de cabeça grande, situado no centro do quadrado, e por outro de cabeça pequena, situado sobre um dos lados no ponto 7. O número 9 por um alfinete de cabeça grande, situado no centro do quadrado, e por outro de cabeça pequena, sobre um dos lados no ponto 8.

Eis dez expressões diferentes para o tato, das quais cada uma corresponde a um dos nossos dez caracteres aritméticos. Imaginai agora uma mesa tão grande quanto quiserdes, dividida em pequenos quadrados ordenados horizontalmente, e separados uns dos outros pela mesma distância, assim como se pode ver na Figura 3, e tereis a máquina de Saunderson.

Concebeis facilmente que não há número que não se possa escrever sobre essa mesa, e, consequentemente, nenhuma operação aritmética que não possa ser nela executada.

Que seja proposto, por exemplo, que se encontre uma soma ou que se faça a adição dos nove números seguintes:

| | | | | |
|---|---|---|---|---|
| 1 | 2 | 3 | 4 | 5 |
| 2 | 3 | 4 | 5 | 6 |
| 3 | 4 | 5 | 6 | 7 |
| 4 | 5 | 6 | 7 | 8 |
| 5 | 6 | 7 | 8 | 9 |
| 6 | 7 | 8 | 9 | 0 |
| 7 | 8 | 9 | 0 | 1 |
| 8 | 9 | 0 | 1 | 2 |
| 9 | 0 | 1 | 2 | 3 |

Eu os escrevo sobre a mesa, à medida que são nomeados. O primeiro algarismo, à esquerda do primeiro número, sobre o primeiro quadrado à esquerda da primeira linha; o segundo, à esquerda do primeiro número, sobre o segundo quadrado à esquerda da mesma linha, e assim por diante.

Coloco o segundo número sobre a segunda fileira de quadrados; as unidades sob as unidades; as dezenas sob as dezenas etc.

Coloco o terceiro número sobre a terceira fileira de quadrados, e assim por diante, como vedes na Figura 3. Depois, percorrendo com os dedos cada fileira vertical de baixo para cima, começando por aquela que está mais à esquerda, faço a adição dos números que aí estão expressos e escrevo o excedente das dezenas embaixo dessa coluna. Passo à segunda coluna, avançando para a esquerda, sobre a qual opero do mesmo modo. Desta, à terceira, e acabo assim por diante minha adição.

Eis como a mesa lhe servia para demonstrar as propriedades das figuras retilíneas. Suponhamos que se deve demonstrar que os paralelogramos que têm a mesma base e a mesma altura são iguais em superfície. Ele colocava seus alfinetes como vemos na Figura 4. Dava nomes aos pontos angulares e acabava a demonstração com seus dedos.

Supondo que Saunderson só empregasse alfinetes de cabeça grande para designar os limites das figuras, ele podia dispor em torno deles alfinetes de cabeça pequena de nove maneiras diferentes, que lhe eram todas familiares. Assim, ele não ficava nem um pouco embaraçado, a não ser nos casos em que o grande número de pontos angulares que era obrigado a nomear em sua demonstração o forçasse a recorrer a letras do alfabeto. Não nos disseram como ele as empregava.

*Figura 3*

Sabemos somente que ele percorria a mesa com uma agilidade surpreendente dos dedos; que empreendia com sucesso os mais longos cálculos; que podia interrompê-los e reconhecer quando se enganava; que os verificava com facilidade, e que esse trabalho quase não exigia dele tanto tempo quanto se poderia imaginar, pela comodidade que tinha em preparar sua mesa.

*Figura 4*

Essa preparação consistia em colocar alfinetes de cabeça grande no centro de todos os quadrados. Isso feito, só lhe restava determinar o valor pelos alfinetes de cabeça pequena, exceto nos casos nos quais era necessário escrever uma unidade. Então, ele punha no centro do quadrado um alfinete de cabeça pequena no lugar do de cabeça grande que o ocupava.

Às vezes, contentava-se, em vez de formar uma linha inteira com seus alfinetes, em colocá-los em todos os pontos angulares ou de intersecção, em torno dos quais fixava fios de seda que acabavam de formar os limites de suas figuras. Vide a Figura 5.

*Figura 5*

Criou outras máquinas que facilitavam para si o estudo da geometria. Ignora-se o verdadeiro uso que fazia delas. Provavelmente, foi necessário mais sagacidade para encontrar esse uso do que para resolver tal ou qual problema de cálculo integral. Um geômetra pode tentar nos mostrar para que servem quatro pedaços de madeira, sólidos, cada um com 12 polegadas de comprimento sobre 5,5 de largura, e sobre um pouco mais de 0,5 polegada de espessura, cujas grandes superfícies opostas são divididas em pequenos quadrados semelhantes àquele do ábaco que acabo de descrever, com a diferença de que são perfurados apenas em alguns pontos, em que os alfinetes são enfiados até o fim. Cada superfície representa nove pequenas tábuas aritméticas de dez números cada uma, e cada um desses dez números é composto de dez algarismos. A Figura 6 representa uma dessas pequenas tábuas; eis aqui os números que ela contém:

| 9 | 4 | 0 | 8 | 4 |
|---|---|---|---|---|
| 2 | 4 | 1 | 8 | 6 |
| 4 | 1 | 7 | 9 | 2 |
| 5 | 4 | 2 | 8 | 4 |
| 6 | 3 | 9 | 6 | 8 |
| 7 | 1 | 8 | 8 | 0 |
| 7 | 8 | 5 | 6 | 8 |
| 8 | 4 | 3 | 5 | 8 |
| 8 | 9 | 4 | 6 | 4 |
| 9 | 4 | 0 | 3 | 0 |

*Figura 6*

Ele é autor da obra *The Elements of Algebra*,[19] perfeita em seu gênero, na qual só se percebe que era cego pela singularidade de certas demonstrações que um homem vidente talvez não realizasse. Deve-se a ele a divisão do cubo em seis pirâmides iguais com um cubo no centro e uma das faces na base, o que demonstra, de maneira muito simples, que toda pirâmide é um terço do prisma da mesma base e da mesma altura.

O gosto o levou ao estudo das matemáticas, a fortuna escassa e o conselho dos amigos, a ministrar lições públicas. Tinham certeza de que teria êxito para além de suas expectativas, devido à prodigiosa facilidade com que se fazia entender. Saunderson falava aos alunos como se também eles fossem privados de visão; um cego que se exprime claramente para cegos ganha muito com pessoas que veem, pois elas têm um telescópio a mais.

Os que escreveram a sua vida[20] dizem que ele era fecundo em expressões felizes, o que é verossímil. Mas, me perguntareis, o que entendeis por expressões felizes? E eu vos responderei, madame, que são as próprias para um sentido, o tato, por exemplo, e, ao mesmo tempo, metafóricas para outro, como os olhos. Do que resulta, para quem fala, uma luz dupla: a luz verdadeira e direta da expressão, a luz refletida da metáfora. É evidente que Saunderson, com todo o espírito que tinha, só se fazia entender pela metade, já que só percebia metade das ideias associadas aos termos que utilizava. Mas quem de nós não se vê, de tempos em tempos, na mesma situação? É algo que acontece tanto

---

19 Título completo: *The Elements of Algebra, in Ten Books* (1749), by the late Nicholas Saunderson.

20 Alusão aos redatores do prefácio dos *Elements of Algebra*: Nittleton, Wilkes, Boldero, Holmes, Wheeler e Davis, mas não Inchliff, mencionado por Diderot adiante.

*Carta sobre os cegos*

aos idiotas, que vez por outra contam piadas excelentes, quanto às pessoas mais espirituosas, que porventura dizem tolices, mas nenhum deles se dá conta disso.

Observei que a escassez de palavras produzia o mesmo efeito que aquele que é sentido pelos estrangeiros que ainda não se familiarizaram com a língua de um país: são forçados a dizer tudo com uma pequena quantidade de termos, o que os leva a colocar alguns com muito acerto. Os escritores de imaginação viva se encontram na mesma situação que os estrangeiros dotados de espírito, pois, para eles, toda língua é pobre em palavras. As situações que inventam, as delicadas nuances que percebem nos caracteres, a ingenuidade de seus quadros, tudo isso os afasta, a todo momento, do jeito mais comum de falar. Eles adotam expressões admiráveis, desde que não sejam preciosos ou obscuros, defeitos que teremos maior ou menor dificuldade de lhes perdoar quanto maior o seu espírito e menor o seu conhecimento da língua. Por isso, dentre os autores franceses, o sr. M...[21] é o que mais agrada aos ingleses, e, dentre os latinos, Tácito é o favorito dos pensadores. As licenças que eles tomam com a língua nos escapam, apenas a verdade dos termos nos espanta.

Saunderson ensinou as matemáticas na Universidade de Cambridge com êxito espantoso. Deu aulas de Ótica, pronunciou discursos sobre a natureza da luz e das cores, explicou a teoria da visão. Tratou dos efeitos das lentes, dos fenômenos relativos ao arco-íris e de vários outros assuntos referentes à visão e ao seu órgão.

---

21 Provável alusão a Marivaux (1688-1763), dramaturgo francês.

Esses fatos perderão muito de seu aspecto maravilhoso se considerardes, madame, que há três coisas a distinguir, em toda questão mesclada de física e geometria: o fenômeno a ser explicado, as suposições do geômetra e o cálculo que resulta destas. Por mais sagaz que seja um cego, é evidente que ele desconhece os fenômenos da luz e das cores. Ele pode entender as suposições, pois elas são relativas a causas palpáveis, mas não compreende a razão de por que o geômetra prefere uma à outra, pois, para tanto, teria de poder comparar as suposições aos fenômenos. O cego toma as suposições pelo que é dado, um raio de luz por um fio elástico e fino ou por uma série de pequenos corpos que afetam nossos olhos com uma velocidade inacreditável, e faz seus cálculos a partir daí. A passagem da física à geometria está dada, e a questão torna-se puramente matemática.

Mas, e o que pensar dos resultados do cálculo? 1º) Que podem ser dificílimos de se obter, pois em vão um físico tentaria imaginar hipóteses mais conformes à natureza se não pudesse validá-las pela geometria; essa é a razão pela qual os grandes físicos, como Galileu, Descartes e Newton, também foram grandes geômetras. 2º) Que são mais ou menos certos, dependendo do grau de complexidade das hipóteses que serviram como ponto de partida. Se o cálculo estiver fundado numa hipótese simples, as conclusões adquirem força de demonstrações geométricas. Se houver um grande número de suposições, a probabilidade de que cada hipótese seja verdadeira diminui em razão do número de hipóteses, mas, de outro lado, aumenta, pois é pouco verossímil que tantas hipóteses falsas se corrijam exatamente umas pelas outras e se obtenha disto um resultado confirmado pelos fenômenos. Estaríamos, nesse caso, como no de uma adição com resultado exato, malgrado as somas parciais dos

*Carta sobre os cegos*

números acrescentados serem falsas. Não poderíamos negar que uma operação como esta seja possível. Mas, como podeis ver, ela só poderia ser muito rara. Quanto mais números houver para adicionar, maior a probabilidade de haver um erro de adição; e, inversamente, menor a probabilidade, se o resultado da operação estiver correto. Há, pois, um número de hipóteses tal que a certeza resultante delas é a menor possível. Faço A + B + C = 50; poderia concluir, do fato de que este 50 é realmente a quantidade do fenômeno, que as suposições representadas pelas letras A, B e C são verdadeiras? Não, pois há mil modos de subtrair de uma das letras e adicionar a outras sem que com isso se altere o resultado; mas, o caso de três hipóteses combinadas é, talvez, um dos mais desfavoráveis.

Uma vantagem do cálculo que eu não poderia deixar de mencionar é a exclusão de hipóteses falsas a partir da contrariedade constatada entre o resultado e o fenômeno. Um físico que se propõe a encontrar uma curva que segue o raio de luz atravessando a atmosfera é obrigado a tomar partido sobre a densidade das camadas de ar, a lei da refração, a natureza e a figura dos corpúsculos luminosos e talvez sobre outros elementos essenciais que ele não inclui na conta, seja porque os negligencia deliberadamente, seja porque os desconhece. Ele determina, assim, a curva do raio. Ela é diferente na natureza, comparada ao cálculo obtido? Então as suposições estão incompletas ou são falsas. O raio acompanha a curva determinada? Então, de duas, uma: ou as suposições foram corrigidas ou são exatas. Mas, qual das duas opções é a verdadeira? O físico ignora: esta é toda a certeza a que pode chegar.

Percorri os *Elementos de Álgebra* de Saunderson com a esperança de que aqueles que o conheceram intimamente nos contassem mais detalhes a respeito de sua vida, mas minhas expectativas foram frustradas. Se ele tivesse escrito "Elementos de geometria",[22] seriam uma obra mais singular que os de álgebra, e bem mais útil para nós. Encontraríamos nela definições de ponto, linha, superfície, sólido e ângulo, das intersecções de linhas e planos, e tenho certeza que teria empregado nelas os princípios de uma metafísica abstrata muito próxima daquela dos *idealistas*. Chamam-se assim os filósofos que, por não terem consciência de nada além de sua própria existência e das sensações que se sucedem no interior de si mesmos, não admitem a existência de outras coisas. Sistema extravagante que, parece-me, só poderia ter sido concebido por um cego, e que, para vergonha do espírito humano e da filosofia, é o mais difícil de ser combatido, embora seja o mais absurdo de todos. É exposto às claras, de maneira aberta, nos *Três diálogos* do dr. Berkeley, bispo de Cloyne.[23] Seria preciso convidar o autor do *Ensaio* sobre os nossos conhecimentos a examinar essa obra, na qual ele encontraria materiais para observações úteis, agradáveis, finas, tais como, em suma, as que está acostumado a fazer.[24] O idealismo mereceria ser denunciado por ele, que se sentiria incomodado com essa hipótese, menos por sua singularidade do que pela dificuldade de refutar os princípios de Berkeley, que são exatamente os mesmos que os seus. Ambos pensam, e seguem nisso

---

22 Sobre elementos como gênero de obra filosófica, ver, na *Enciclopédia*, d'Alembert, "Elementos das ciências" v.5, p.491, v.2 da edição brasileira.

23 Berkeley, Três diálogos entre Hylas e Philonous (1713) [In: George Berkeley, *Obras filosóficas*. Trad., apres. e notas de Jaimir Conte. São Paulo: Editora Unesp, 2008].

24 Condillac.

a razão, que os termos essência, matéria, substância, suporte etc. não trazem, por si mesmos, nenhuma luz ao nosso espírito. Aliás, como observa judiciosamente o autor do *Ensaio sobre a origem dos conhecimentos humanos*, "por mais que nos elevemos, para falar metaforicamente, até os céus, ou que desçamos até os abismos, nunca saímos de nós mesmos, e tudo o que percebemos é o nosso próprio pensamento".[25] Tal é, precisamente, o resultado do primeiro diálogo de Berkeley, e o fundamento de todo o seu sistema. Não ficaríeis curiosa de ver às turras dois inimigos que esgrimem armas tão similares? Se um deles vencesse, teria de ser o que melhor se serviu delas. Mas o autor do *Ensaio sobre a origem dos conhecimentos* dá novas mostras, em um *Tratado dos sistemas* recém-publicado, da habilidade com que maneja suas armas, e de quão temível é para os sistemáticos.

Mas, assim, diríeis, afastamo-nos de nossos cegos. Peço-vos, madame, que tenhais a bondade de me conceder estas digressões. Eu vos prometi uma conversa, e não posso manter a palavra sem essa indulgência.

Li com toda a atenção de que sou capaz o que Saunderson diz sobre o infinito. Posso vos assegurar de que ele tinha, a esse respeito, ideias muito justas e muito claras, e que a maioria de nossos *infinitários* não passariam de cegos para ele. Cabe a vós julgar por conta própria. Pois, embora a matéria seja bastante difícil, e exceda um pouco vossos conhecimentos matemáticos, eu não desanimaria de tentar colocá-la ao vosso alcance, iniciando-vos nessa lógica infinitesimal.

---

25 Citação de Condillac sem aspas no original; ver *Ensaio*, 1ª parte, seção I, cap.I, 1. Trad. P. P. Pimenta. São Paulo: Editora Unesp, 2016.

O exemplo desse ilustre cego prova que o tato pode se tornar mais delicado do que a visão, desde que aperfeiçoado pelo exercício. Percorrendo com as mãos uma série de medalhas, ele discernia as verdadeiras das falsas, embora estas fossem contrafeitas para enganar um conhecedor dotado de bons olhos. Ele julgava a exatidão de um instrumento de matemáticas passando a extremidade de seus dedos sobre as divisões. Eis certamente coisas mais difíceis de fazer do que avaliar pelo tato a semelhança entre um busto e a pessoa representada. Do que se conclui que um povo de cegos poderia ter estatuários e extrair das estátuas os mesmos benefícios que nós, perpetuando com elas a memória das belas ações e das pessoas que mais respeitassem. Tampouco duvido que o sentimento que experimentariam ao tocar as estátuas seria ainda mais vivo que o nosso, quando as vemos. Que doçura para um enamorado que tivesse amado ternamente passar as mãos sobre encantos que ele poderia reconhecer, quando a ilusão, que atua com mais força nos cegos do que naqueles que veem, viesse reanimá-los! Por outro lado, é provável, também, que, quanto maior fosse o seu prazer com essa lembrança, menor seria a sua tristeza.

A exemplo do cego de Puiseaux, Saunderson era afetado pela menor vicissitude na atmosfera, e percebia, em tempos calmos, a presença de objetos situados a poucos passos dele. Conta-se que um dia ele assistia a observações astronômicas realizadas num jardim; então, as nuvens, que de tempo em tempo escondiam o disco do Sol aos observadores, ocasionavam uma alteração sensível na ação dos raios sobre o seu rosto, marcando assim, para ele, os momentos propícios ou contrários às observações. Acreditareis, talvez, que ocorria em seus olhos um abalo, capaz de adverti-lo da presença da luz, mas não a dos objetos; e eu pensaria como vós, não fosse certo que Saunderson era privado não somente da visão, mas do próprio órgão.

Portanto, Saunderson via pela pele. Tinha esse invólucro com uma sensibilidade tão requintada, que é seguro afirmar que, com a aquisição do hábito, ele teria chegado a reconhecer um de seus amigos cujo retrato lhe fosse traçado sobre a mão por um desenhista, e teria dito, a partir da sucessão das sensações excitadas pelo lápis, "este é o sr. tal". Com isso, também haveria uma pintura feita para os cegos, na qual sua própria pele faria as vezes de tela. Ideias como estas não têm nada de quimérico, e não duvido que, se algum de vós traçasse sobre vossa a mão a pequena boca do sr..., poderíeis reconhecê-la de imediato. Mas, havereis de concordar, tal coisa seria ainda mais fácil para um cego de nascença do que para vós, malgrado o hábito que tendes de vê-la e de julgá-la encantadora. Pois, em vosso juízo, entram duas ou três coisas, a comparação entre a pintura feita sobre vossa mão e a feita no fundo de vossos olhos; entre a memória da maneira pela qual somos afetados pelas coisas que sentimos e aquela pela qual somos afetados pelas coisas que nos contentamos em ver e admirar; por fim, a aplicação desses dados à questão que vos é proposta por um desenhista que vos pergunta, ao traçar uma boca sobre a pele de vossa mão com a ponta de seu lápis: "A quem pertence esta boca que eu desenho?". A soma das sensações excitadas por uma boca desenhada sobre a mão de um cego é a mesma que a das sensações sucessivas despertadas pelo lápis do desenhista que a representa.

Eu poderia acrescentar à história do cego de Puiseaux e de Saunderson as de Dídimo de Alexandria, Eusébio, o Asiático, Nicásio de Mechlin e outros que, com um sentido a menos, pareceram se elevar tão acima dos outros homens, que os poetas poderiam ter dito, sem exagero, que os deuses ciumentos os privaram da vista por medo de terem iguais entre os mortais. Quem foi, afinal, esse Tirésias que leu as intenções dos deuses e possuiu o dom de prever o futuro, cuja memória foi conservada por um filósofo cego? Mas não nos afastemos de Saunderson; acompanhemos esse homem extraordinário até o túmulo.

Quando estava prestes a morrer, mandaram chamar um ministro muito inteligente, o sr. Gervaise Holmes. Tiveram então uma conversa sobre a existência de Deus, da qual nos restam alguns fragmentos, que traduzirei tão bem quanto puder, pois são dignos do esforço. O cego começou por uma objeção às maravilhas da natureza: "Sr., deixai de lado todo este belo espetáculo que não foi feito para mim, condenado que estou a passar minha vida nas trevas; mencionais prodígios que não entendo e que só são prova para vós e para aqueles que veem. Se quereis que eu creia em Deus, terei de tocá-lo".

"Sr., colocai as mãos sobre si mesmo e encontrareis a divindade no admirável mecanismo de vossos órgãos."

"Sr. Holmes, eu repito, tudo isto não é tão belo para mim quanto para vós. Mas, mesmo que o mecanismo animal fosse tão perfeito como pretendeis, e quero crer que o seja, pois sois um homem honesto, incapaz de impostura, o que isto tem a ver com um ser soberanamente inteligente? Se esta pergunta vos espanta, é talvez porque tendes o hábito de tratar como prodígio tudo o que vos parece estar acima de vossas forças. Eu mesmo fui objeto de vossa admiração com tanta frequência que tenho uma má opinião do que vos surpreende. Atraí do fundo da Inglaterra pessoas que não podiam conceber que eu fosse geômetra: deveis concordar que elas não tinham uma noção muito correta da possibilidade das coisas. Se, na opinião dos videntes, algum fenômeno está acima do homem, eles logo dizem, 'é obra de um Deus'; nossa vaidade não se contenta com menos. Não poderíamos colocar em nossos discursos um pouco menos de orgulho e um pouco mais de filosofia? Se a natureza nos oferece um nó difícil de desatar, deixemo-lo tal como está, não empreguemos para cortá-lo a mão de um ser que em seguida se torna para nós um novo nó, mais difícil ainda do que o primeiro. Perguntai a um indiano por que o mundo está suspenso nos ares, e ele vos dirá, porque é levado no dorso de um elefante; mas, e este elefante, apoia-se sobre o quê? Uma tartaruga; e a tartaruga, quem a sustentará?...[26] Esse indiano nos dá pena, e poder-se-ia vos dizer, assim como a ele: sr. Holmes, meu amigo, confessai primeiro a vossa ignorância, poupai o elefante e a tartaruga."

Saunderson parou por um momento: parecia esperar uma resposta do ministro. Mas, por onde atacar um cego? O sr. Holmes se aproveitou da boa opinião de Saunderson a respeito de sua probidade e das luzes de Newton, de Leibniz, de Clarke e de alguns de seus compatriotas, os principais gênios do mundo, todos eles tocados pelas maravilhas da natureza, e unânimes em reconhecer um ser inteligente como seu autor. Tal é, sem dúvida, a objeção mais forte que o ministro poderia oferecer a Saunderson. Por isto, o bom cego concordou que seria temeridade negar o que um homem como Newton não deixara de admitir. Mesmo assim, disse que o testemunho de Newton não era tão forte para ele quanto o da natureza inteira o era para Newton, e que

---

26 A anedota é contada por Locke, *Ensaio sobre o entendimento humano*, livro II, cap. 13, seção 19. Trad. P. P. Pimenta e Bento Prado Neto. São Paulo: Martins Fontes, 2023.

Newton acreditava na palavra de Deus, enquanto ele só podia contar com a palavra de Newton.

"Considerai, sr. Holmes, o que é preciso para que eu confie em vossa palavra e na de Newton. Não vejo nada, mas admito uma ordem admirável por toda parte; conto que não exigireis de mim nada além disto. Concordo a respeito do estado atual do universo, mas peço-vos, em compensação, que me dê a liberdade de pensar o que quiser sobre o seu estado mais antigo e primeiro, a respeito do qual, aliás, sois tão cego quanto eu. Neste caso, não tendes nenhum testemunho a me oferecer, vossos olhos não oferecem nenhum recurso. Imaginai, pois, se quiserdes, que a ordem que vos espanta sempre existiu, mas deixai-me crer que não é assim, e que, se remontássemos até o nascimento das coisas e dos tempos e sentíssemos a matéria movendo-se, e o caos se desembaraçando, encontraríamos uma multidão de seres informes para um punhado de outros, organizados.[27] Se não tenho nada a vos objetar sobre a condição presente das coisas, posso, pelo menos, vos interrogar sobre a sua condição passada. Posso vos perguntar, por exemplo, quem vos disse, a vós, a Leibniz, a Clarke e a Newton, que, nos primeiros instantes da formação dos animais, uns não eram sem cabeça e outros não eram sem pés? Eu poderia sustentar que estes não tinham estômago e aqueles não tinham intestinos; que aqueles aos quais um estômago, um palato e dentes pareciam prometer uma duração, deixaram de existir, por algum defeito do coração ou dos pulmões; que monstros se

---

27 Nesse trecho e no que se segue a ele, Diderot evoca uma conhecida passagem de Lucrécio, *Da natureza das coisas*, livro V, vs. 828-854. Ver a edição brasileira, trad. Rodrigo Tadeu Gonçalves. Belo Horizonte: Autêntica, 2021.

aniquilaram uns aos outros em sucessão; que todas as combinações viciosas da matéria desapareceram, restando apenas aquelas cujo mecanismo não implicava nenhuma contradição importante, e que podiam subsistir por si mesmas e se perpetuar."

"Isto posto, se o primeiro homem tivesse a laringe fechada e não existissem alimentos convenientes a ele, se suas partes da geração fossem incompletas e ele não tivesse encontrado uma companheira adequada, o que teria sido, sr. Holmes, do gênero humano? Não teria resistido à depuração geral do universo; e este ser orgulhoso que se chama homem, dissolvido e dispersado entre as moléculas da matéria, teria ficado, talvez para sempre, no número dos possíveis."

"Se nunca existiram seres informes, não deixareis de pretender que jamais existirão, e lanço-me em hipóteses quiméricas; mas a ordem não é tão perfeita", continuou Saunderson, "que não apareçam de tempos em tempos produções monstruosas". Depois, voltando-se para os ministros, acrescentou: "Vede a mim, sr. Holmes, não tenho olhos. Que fizemos a Deus, para que ele desse a um este órgão, privando dele o outro?".

Saunderson tinha um ar tão sério e tão compenetrado, que o ministro e o resto da assembleia não puderam deixar de compartilhar da sua dor, chorando amargamente. O cego percebeu. "Sr. Holmes, eu já conhecia a bondade de vosso coração, e sou muito sensível à prova que me ofereceis dela nestes momentos derradeiros; mas, se vos sou tão caro assim, peço que não me invejai pela consolação que eu terei, quando morrer, de nunca ter importunado ninguém."

Recobrando um tom mais firme, acrescentou: "Conjeturo, pois, que no começo, quando a matéria em fermentação fazia eclodir o universo, meus semelhantes eram muito comuns. E por que eu não afirmaria sobre os mundos o que creio ser válido para os animais? Quantos mundos estropiados e falhos se dissiparam, se reformam e continuam a fazê-lo, a cada instante, nos espaços longínquos, que eu não toco e vós não vedes, mas onde o movimento da matéria continua e continuará a combinar aglomerados até que surja algum arranjo mais duradouro? Filósofos! Transportai-vos comigo aos confins deste universo, para além do ponto em que toco e em que vedes seres organizados, passeai sobre este novo oceano e procurai, em suas agitações irregulares, vestígios deste ser inteligente cuja sabedoria tanto admirais!".

"Mas para que vos tirar de vosso elemento? O que é o mundo, sr. Holmes? Um composto sujeito a revoluções que indicam uma tendência contínua à destruição, uma sucessão rápida de seres que se acumulam e desaparecem: uma simetria passageira, uma ordem momentânea. Há pouco, eu vos criticava por estimar a perfeição das coisas a partir de vossa capacidade, e poderia vos acusar agora de medir essa perfeição a partir da duração de vossos dias. Julgai a existência sucessiva do mundo como a mosca efêmera julga a vossa. O mundo é eterno para vós, como sois eterno para o ser que vive por um instante. O inseto parece-me mais razoável do que vós. Que série prodigiosa de gerações efêmeras atestaria a vossa eternidade? Que tradição imemorial a confirmaria? Entretanto, todos nós passamos, sem que se possa assinalar a extensão real que ocupamos nem o tempo preciso de nossa duração. O tempo, a matéria e o espaço talvez não sejam mais do que um ponto."

Saunderson se agitou um pouco, para além do que seu estado permitia. Teve um acesso de delírio que durou algumas horas, do qual saiu gritando: "Deus de Clarke e de Newton, tem piedade de mim!".

*Carta sobre os cegos*

E assim ele morreu. Vede, madame, que todos os raciocínios que ele acabara de objetar ao ministro não eram consolo para um cego. Que vergonha para as pessoas que não têm melhores razões que ele, que veem, e a quem o espetáculo espantoso da natureza anuncia, desde o nascer do sol até o ocaso das menores estrelas, a existência e a glória de seu autor! Eles têm olhos, dos quais Saunderson era privado; mas Saunderson tinha uma pureza de costumes e uma ingenuidade de caráter que lhes faltam. Por isso, vivem como cegos, e Saunderson morre como se tivesse visto. A voz da natureza se pronunciou a ele de maneira suficiente por meio dos órgãos que ele tinha, e seu testemunho será ainda mais forte contra aqueles que teimosamente fecham os ouvidos e os olhos. Eu perguntaria de bom grado se o verdadeiro Deus estava mais velado para Sócrates pelas trevas do paganismo, do que para Saunderson pela privação da visão e do espetáculo da natureza.

Aborrece-me, madame, que não nos tenham transmitido outros detalhes interessantes a respeito desse ilustre cego, para a vossa satisfação bem como para a minha. Talvez houvesse mais luzes a extrair de suas respostas do que de todas as experiências propostas. Os que viveram com ele não eram muito afeitos à filosofia. Excetuo apenas seu discípulo, o sr. William Inchlif, que conheceu Saunderson em seus últimos momentos e recolheu suas últimas palavras. Eu aconselharia, a todos que entendem um pouco o inglês, que leiam o original numa obra impressa em Dublin em 1747, intitulada *The Life and Character of Dr. Nicholas Saunderson, late Lucasien Professsor of Mathematicks in the University of Cambridge, by his Disciple and Friend William Inchlif, esq.* Os que o fizerem notarão na obra um prazer, uma força, uma verdade, uma candura que não se encontram em outros escritos,

63

e que não pretendo ter dado a vós, apesar de todos os meus esforços para conservá-los em minha tradução.

Casou-se em 1713 com a filha do sr. Dickons, reitor de Boxworth, na região de Cambridge. Teve um filho e uma filha, que ainda vivem. O último adeus à sua família foi muito tocante. "Irei agora para onde todos vamos; poupai-me as queixas que me enternecem. Os testemunhos de dor que me dais tornam-me mais sensível aos que me escapam. Renuncio sem pena a uma vida que não foi para mim senão um longo desejo e uma privação contínua. Vivei virtuosos e mais felizes, e aprendei a morrer tranquilos." Tomou em seguida a mão de sua mulher e a apertou por um instante entre as suas. Virou o rosto para ela, como se procurasse vê-la; abençoou seus filhos, abraçou-os e pediu que se retirassem, porque fariam em sua alma feridas mais cruéis do que a aproximação da morte.

A Inglaterra é o país dos filósofos, dos curiosos, dos sistemáticos. Entretanto, sem o sr. Inchlif, não saberíamos a respeito de Saunderson mais do que nos diriam os homens comuns. Por exemplo: ele reconhecia os lugares em que estivera uma vez pelo ruído das paredes e do piso quando rangiam, e mil outras coisas da mesma natureza, que ele tinha em comum com outros cegos. Ora! É comum encontrar na Inglaterra cegos com o mesmo mérito de Saunderson; mas quantos dentre eles deram aulas de Ótica?

Alguns querem restituir a visão aos cegos de nascença; mas, pensando bem, seria mais proveitoso para a filosofia questionar um cego de bom senso. Aprenderíamos como as coisas se passam nele e as compararíamos ao modo como elas se passam em nós, e poderíamos extrair, dessa comparação, a solução para dificuldades que tornaram tão embaraçosa e incerta a teoria da visão e dos sentidos. Confesso que não sei o que esperar de um homem que acaba de passar por uma operação dolorosa num órgão tão delicado, que pode ser afetado por qualquer acidente leve, e que com frequência engana aqueles que o possuem e há muito tempo gozam das vantagens que ele traz. Quanto a mim, eu escutaria com mais satisfação um metafísico ciente dos princípios da metafísica, dos elementos das matemáticas e da conformação das partes, do que um homem ignorante e sem educação que tivesse restituída a visão pela remoção da catarata. Confiaria menos nas respostas de uma pessoa que vê pela primeira vez do que nas descobertas de um filósofo que tivesse meditado sobre seu assunto na obscuridade, ou, para falar na linguagem dos poetas, que tivesse perfurado os olhos para entender como se dá a visão.

Se quiséssemos atribuir alguma certeza a experiências a respeito, seria necessário, ao menos, que a pessoa fosse preparada para a ocasião, que fosse ensinada e quem sabe transformada em filósofa. Mas fazer um filósofo não é obra de um momento. O que vale um filósofo que na verdade não o é? Pior ainda, que pensa sê-lo? Mais indicado é iniciar as observações algum tempo após a operação. Para tanto, é necessário tratar o doente no escuro e certificar-se de que seu ferimento está curado e seus olhos estão sadios. Eu preferiria que ele não fosse exposto à claridade logo de início; o brilho de uma luz forte nos impede de ver. O que não ocorreria a um órgão com uma sensibilidade ainda maior, que nunca experimentou alguma impressão que o tenha afetado?

Mas isso não é tudo. Para tirar partido de uma pessoa assim preparada, seria desejável interrogá-la com muita sutileza, para que ela pudesse dizer o que realmente se passa dentro de si mesma; que esse interrogatório fosse realizado na academia; e, a fim de que não tivesse espectadores supérfluos, que fossem convidados para essa assembleia somente os que mereçam estar ali, por seus conhecimentos filosóficos, anatômicos etc. Pessoas talentosas e espíritos aguçados sempre estariam presentes; preparar e interrogar um cego de nascença não seria uma ocupação indigna dos talentos reunidos de Descartes, Newton e Locke.

Terminarei esta carta, que já se estende, com uma questão proposta já há algum tempo.[28] Algumas reflexões sobre o estado singular de Saunderson me mostraram que ela nunca foi devidamente resolvida. Suponha-se um cego de nascença que tenha se tornado um homem feito e a quem se tenha ensinado a distinguir pelo tato um cubo e um globo feitos do mesmo metal e mais ou menos do mesmo tamanho, de modo que, quando ele toca um e o outro, saiba dizer qual é o cubo e qual é o globo. Supõe-se que, postos o cubo e o globo sobre uma mesa, o cego venha a gozar da visão; e pergunta-se, ao vê-los sem tocá-los, se ele poderia discernir entre eles e dizer qual é o cubo e qual é o globo.

O sr. Molyneux foi o primeiro a propor essa questão e tentar resolvê-la. Afirmou que o cego não distinguiria o globo do cubo. "Pois, embora ele tenha aprendido pela experiência o modo pelo qual o globo e o cubo afetam o seu tato de uma maneira ou de outra, ele ainda não sabe que o que afeta ao seu tato de uma maneira deve afetar aos seus olhos de outra, nem que o ângulo avançado do cubo que pressiona a sua mão de um modo desigual parecerá a seus olhos tal como aparece no cubo."

Consultado a respeito, Locke disse: "Concordo totalmente com o sr. Molyneux. Creio que o cego não será capaz, de

---

28 O problema de Molyneux é discutido por Locke no *Ensaio sobre o entendimento humano*, livro II, cap. 9.

imediato, de assegurar com alguma confiança qual seria o cubo e qual seria o globo se se contentasse em olhá-los, embora ao tocá-los possa distingui-los com certeza, a partir da diferença entre as suas figuras, dada pelo tato".

O abade Condillac, cujo *Ensaio sobre a origem dos conhecimentos humanos* haveis lido com tanto prazer e utilidade, autor de um excelente *Tratado dos sistemas* que vos envio juntamente com esta carta, tem a respeito uma opinião particular. É inútil vos oferecer as razões em que ele se apoia; seria vos privar do prazer da releitura de uma obra em que elas são expostas de maneira tão agradável e tão filosófica, que eu correria um risco se quisesse deslocá-las de sua origem. Contento-me em observar que essas razões tendem a demonstrar que o cego de nascença ou não vê nada ou vê a esfera e o cubo como diferentes, e que é supérfluo que esses dois corpos sejam do mesmo metal e tenham mais ou menos o mesmo tamanho. Isso é incontestável; pois, como diria o sr. Condillac, se, como querem Molyneux e Locke, não existe ligação essencial entre a sensação da visão e a do tato, eles têm de concordar que poderíamos ver os dois pés de diâmetro de um corpo que desaparece sob a mão. O sr. Condillac acrescenta, no entanto, que, se o cego de nascença vê os corpos, discerne suas figuras e hesita sobre o juízo a fazer sobre eles, só pode ser por razões metafísicas muito sutis, que vos explicarei em breve.

São duas opiniões diferentes sobre uma mesma questão, sustentadas por filósofos de primeira linha. Poderia parecer que, tendo sido discutida por pessoas do calibre dos srs. Molyneux, Locke e Condillac, não haveria mais o que dizer a seu respeito. Mas, uma mesma coisa pode ser considerada sob tantos aspectos, que não surpreenderia se constatássemos que ainda não foi esgotada.

Os que declararam que o cego de nascença distinguiria entre o cubo e a esfera começaram por supor um fato que teria de ser examinado, a saber, se um cego de nascença que teve as cataratas removidas teria condições de se servir de seus olhos nos primeiros momentos após a operação. Eles disseram, simplesmente: "Comparando as ideias da esfera e do cubo que recebeu pelo tato com as que recebeu pela vista, o cego de nascença reconhece, necessariamente, que são os mesmos. Seria muito bizarro se ele dissesse que o cubo lhe dá a ideia de esfera e a esfera a ideia do cubo. Chamaria ele de esfera e cubo, a partir da visão, o que chamara de esfera e cubo a partir do tato?".

Qual foi a resposta e o raciocínio de seus antagonistas? Supuseram, igualmente, que o cego de nascença veria logo que seu órgão estivesse sadio. Imaginaram que um olho do qual se remove uma catarata é como um braço que deixa de ser paralítico. Assim como o braço não precisa de exercício para se mover, o olho tampouco precisa para ver. E acrescentaram: "Atribuamos ao cego de nascença um pouco mais de filosofia do que concedeis, e suponhamos que ele leve o raciocínio para além do ponto em que o deixastes. Quem me garante que, ao me aproximar desses corpos e aplicar sobre eles as minhas mãos, eles não me enganem, e o cubo deixe de enviar a sensação da esfera, e a esfera, a do cubo? A experiência é a única que poderia me instruir a respeito de uma conformidade entre a visão e o tato. Esses dois sentidos podem ter relações contraditórias sem que eu saiba; e eu poderia muito bem crer que o que se apresenta atualmente à minha visão é pura aparência, se não me tivessem dito que são os mesmos corpos que toquei. Esse corpo parece-me ser o que eu chamei de cubo; aquele, o que eu chamei de esfera. Não me perguntam, porém, o que me parece, mas o que é; e eu não tenho como responder a essa questão".

Esse raciocínio, diz o autor do *Ensaio sobre a origem dos conhecimentos humanos*, seria embaraçoso para o cego de nascença, e somente a experiência pode oferecer uma resposta. O abade de Condillac parece se interessar apenas pela experiência que o cego de nascença faria por si mesmo com os corpos, tocando-os uma segunda vez. Vereis logo em seguida por que faço essa observação. De resto, esse talentoso metafísico poderia ter acrescentado que um cego de nascença julgaria menos absurdo supor que dois sentidos pudessem estar em contradição do que imaginar que um espelho os põe em contradição, como observei antes.

O sr. Condillac observa em seguida que Molyneux obscureceu a questão ao introduzir condições que não podem evitar nem resolver dificuldades que a metafísica poderia colocar ao cego de nascença. Observação muito justa, levando-se em conta que a suposição de uma metafísica do cego de nascença é acertada. Em se tratando de questões filosóficas como esta, os experimentos devem ser sempre realizados na presença de um filósofo, de uma pessoa que apreenda, a partir do que lhe é proposto, tudo o que o raciocínio e os seus órgãos, tais como se encontram, lhe permitem perceber.

Eis aí, madame, em suma, os prós e os contras envolvidos nessa questão. A partir do exame que farei agora, compreendereis que os que afirmaram que o cego de nascença veria as figuras e discerniria os corpos não poderiam perceber que tinham razão, e que os que negavam que fosse assim tinham razões para pensar que não estavam enganados.

A questão do cego de nascença, tomada de modo um pouco mais geral do que Molyneux a propôs, inclui duas outras, que consideraremos em separado. Pergunta-se, 1º) se o cego de nascença veria tão logo fosse removida a catarata, e, em caso afirmativo, 2º) se veria o suficiente para discernir as figuras, se estaria em condições, ao vê-las, de aplicar a elas com segurança os mesmos nomes que o tato lhes dava, e se poderia mostrar que esses nomes seriam convenientes a elas.

O cego de nascença começa a ver imediatamente após a cura do órgão? Os que o negam dizem o seguinte: "Tão logo o cego de nascença goze da faculdade de se servir de seus olhos, a cena que ele tem em perspectiva vem pintar-se no fundo de seus olhos. Essa imagem, composta por uma infinidade de objetos reunidos num espaço muito pequeno, é tão somente um amontoado confuso de figuras que ele não tem condições de distinguir umas das outras. Concordamos que apenas a experiência poderia ensiná-lo a julgar a distância entre os objetos, e que ele tem necessidade de se aproximar deles, de tocá-los, de se afastar deles e tocá-los novamente, para se assegurar de que eles não fazem parte dele mesmo, que são exteriores ao seu ser, e que ele ora está perto, ora está longe deles. Por que a experiência não seria necessária para percebê-los? Sem ela, aquele que percebe os objetos pela primeira vez deveria imaginar, quando se afasta deles para além do alcance de sua vista, que deixaram de existir. Pois somente a experiência que fazemos com objetos que reencontramos no mesmo lugar em que os havíamos deixado nos permite constatar que eles continuam a existir mesmo quando nos afastamos deles. Talvez por essa razão, as crianças se consolam rapidamente quando se veem privadas dos brinquedos com que se distraíam. Ninguém diria que os esquecem tão rápido, pois, se consideramos que há crianças de dois anos e meio que conhecem uma parte considerável das palavras de uma língua e não têm dificuldade de pronunciá-las ou retê-las, poderemos nos convencer de que a infância é a época da memória. Não seria

*Carta sobre os cegos*

mais natural supor que as crianças imaginam que o que elas deixaram de ver deixou de existir, tanto mais que, quando os objetos lhes são restituídos, parecem mostrar uma espécie de alegria misturada ao espanto? As amas ajudam-nas a adquirir a noção dos seres ausentes, exercitando-as com a brincadeira que consiste em cobrir e descobrir de repente o rosto. Elas adquirem, assim, a experiência de que o que deixa de aparecer não deixou de existir. Do que se segue que devemos à experiência a noção da existência contínua dos objetos, que o olho provavelmente tem de aprender a ver, assim como a língua aprende a falar, que não seria de se espantar que o auxílio de um dos seus sentidos fosse necessário ao outro, e que o tato, que nos assegura da existência dos objetos fora de nós, quando estão presentes aos nossos olhos, talvez seja o sentido ao qual está reservado constatar, não digo as figuras e outras modificações, mas a presença dos objetos".

Acrescentemos a esses raciocínios as famosas experiências de Cheselden.[29] O jovem que teve as cataratas removidas por esse hábil cirurgião permaneceu muito tempo sem distinguir as grandezas e distâncias, e mesmo as figuras. Um objeto de uma polegada que era posto diante de seus olhos e escondia uma casa lhe parecia tão grande quanto a casa real. Ele tinha os objetos sobre os olhos, pareciam estar aplicados ao órgão, como os do tato à pele. Era incapaz de distinguir com o auxílio das mãos o que julgava redondo do que antes julgara angular, e tampouco discernia com os olhos se o que antes sentira como alto ou baixo o era de fato. Não sem dificuldade, conseguiu perceber que sua

---

29  Vide os *Elementos da filosofia de Newton*, por Voltaire. (Nota de Diderot) [Trad. Maria das Graças de Souza. Campinas: Unicamp, 2015].

casa era maior que seu quarto, mas não concebia como os olhos poderiam lhe dar essa ideia. Foi necessário um grande número de experiências reiteradas para que tivesse certeza de que a pintura representava corpos sólidos. Quando, de tanto olhar quadros, finalmente se convenceu de que não eram superfícies, pôs a mão sobre eles e admirou-se de só encontrar um plano liso, sem nenhuma saliência. Perguntou então qual era o trapaceiro, se o sentido do tato ou o da visão. A pintura tem sobre os selvagens o mesmo efeito: quando a veem pela primeira vez, pensam que as figuras pintadas são homens vivos, interrogam-nas e ficam surpresos quando não recebem uma resposta. Esse erro certamente não vem da falta de hábito no uso da vista.

Mas o que responder às outras dificuldades? O olho experimentado de um homem lhe permite ver melhor os objetos do que o órgão danificado de uma criança ou de um cego de nascença que teve as cataratas removidas. Vide, madame, as provas oferecidas pelo sr. Condillac no final de seu *Ensaio sobre a origem dos conhecimentos humanos*, em que ele propõe como objeção a suas teses as experiências realizadas por Cheselden e relatadas pelo sr. Voltaire.[30] Ele expõe com clareza e força os efeitos da luz sobre um olho que é afetado por ela pela primeira vez, e as condições requeridas nos humores desse órgão na córnea, no cristalino etc., o que não permite duvidar de que a visão de uma criança que abre os olhos pela primeira vez ou de um cego que acaba de passar pela operação só pode ser muito imperfeita.

Logo, deve-se concordar que percebemos nos objetos uma infinidade de coisas que a criança e o cego de nascença não percebem, por mais que eles sejam pintados no fundo de seus

---

30 Condilllac, *Ensaio*, parte I, livro I.

*Carta sobre os cegos*

olhos; que não basta que os objetos nos afetem, é preciso que estejamos atentos às suas impressões; que, portanto, nada vemos na primeira vez que nos servimos dos olhos; que nos primeiros instantes da visão somos afetados por uma multidão de sensações confusas que só se esclarecem com o tempo e com o hábito de refletir sobre o que se passa em nós; que a experiência nos ensina a comparar as sensações com o que as ocasiona; que, como as sensações não têm nada de essencialmente similar aos objetos, cabe à experiência nos instruir sobre analogias que parecem de instituição. Em suma, o tato não serve para dar ao olho um conhecimento preciso da conformidade entre o objeto e a representação, e parece-me que, se na natureza nem tudo acontecesse segundo leis infinitamente gerais, e, por exemplo, a picada de um ferrão fosse dolorosa e a de outro, prazerosa, morreríamos sem ter recolhido a centésima milionésima parte das experiências necessárias à conservação de nossos corpos e de nosso bem-estar.

Isso não significa que o olho não possa se instruir a si mesmo, ou, se me permitem dizê-lo, experimentar-se por si mesmo. O tato é suficiente para nos assegurarmos da existência e da figura dos objetos, não é preciso ver. Por que seria necessário tocar, para em seguida se assegurar das mesmas coisas pela vista? Estou ciente de todas as vantagens do tato, e não as escondo quando falo sobre Saunderson ou o cego de Puiseaux. Mas não concedo a seguinte. Compreende-se que o uso de um sentido possa ser aperfeiçoado e incrementado pelas observações de outro, mas, para tanto, não é preciso uma dependência essencial entre as suas funções. É certo que existem nos corpos qualidades que jamais perceberíamos sem o tato, é ele que nos alerta para a presença de certas modificações insensíveis aos olhos, que só as percebem quando advertidos por esse sentido. Esse auxílio é recíproco. Se a visão for mais fina que o tato, ela o alertará para a existência de objetos e modificações que, por serem demasiado pequenas, de outro modo lhe escapariam. Se uma folha de papel ou de outro material fino, estreito e flexível fosse posicionada entre o vosso polegar e o indicador sem que nada vos fosse dito, dependeríeis dos olhos para saber que deixara de haver contato direto entre os dedos. Mas observo de passagem que, nesse caso, seria muito mais difícil enganar um cego do que uma pessoa habituada ao uso da visão.

Um olho vivo e animado teria sem dúvida dificuldade em assegurar-se de que os objetos exteriores não são parte de si mesmo, que ele ora está perto, ora está longe deles, que eles são figurados, que uns são maiores que os outros, que eles são dotados de profundidade, e assim por diante. Sem dúvida, com o tempo, ele os veria de maneira distinta e distinguiria ao menos os seus contornos mais grosseiros. Negar que é assim seria desconhecer a destinação do órgão, ignorar os principais fenômenos da visão, esquecer que não há pintor tão hábil que se aproxime da beleza e exatidão das miniaturas pintadas no fundo de nossos olhos, que nada é tão preciso quanto a semelhança entre a representação e o objeto representado, que a tela desse quadro não é tão pequena, que não existe confusão entre as figuras, que elas ocupam mais ou menos meia polegada quadrada, e que nada é mais difícil do que explicar como o tato faria para ensinar o olho a perceber, se o uso deste fosse inteiramente impossível sem o auxílio do outro.

Para além de meras suposições, pergunto-me se o tato ensina o olho a distinguir as cores. Não penso que se atribuiria a ele um privilégio tão extraordinário. Isso posto, se apresentarmos a um cego que acaba de ganhar a visão um cubo negro e uma esfera vermelha sobre um fundo branco, ele não tardará a discernir os limites dessas figuras.

Alguém poderia responder que ele levará o tempo necessário para que os humores se arranjem da maneira mais adequada; para que a córnea assuma a convexidade requerida à visão; para que a pupila se torne suscetível à dilatação e à contração apropriadas; para que os fios da retina adquiram uma sensibilidade mediana à ação da luz; para que o cristalino realize os movimentos para a frente e para trás, como suspeitamos que ele faça; para que os músculos cumpram as suas funções; para que os nervos óticos se acostumem a transmitir a sensação; para que o globo ocular se preste às disposições necessárias e para que as partes que o compõem concorram na execução dessa miniatura, que nos parece tão útil para demonstrar que o olho se experimenta a si mesmo.

Por simples que seja o quadro que acabo de oferecer aos olhos de um cego de nascença, ele só distinguirá bem as suas partes quando o órgão reunir todas as condições precedentes. Mas talvez seja questão de um instante. Se aplicarmos o raciocínio que ora se oferece como objeção a uma máquina menos complexa, como um relógio, por exemplo, seria possível demonstrar, a partir do detalhamento do movimento do tambor, do fuso, das engrenagens, das paletas, do pêndulo etc., que seriam necessários quinze dias para que os ponteiros percorressem o espaço de um segundo. E, se alguém dissesse que esses movimentos são simultâneos, eu retrucaria que o mesmo se passa no olho quando ele se abre pela primeira vez e emite a maioria dos juízos feitos em consequência disso. Quaisquer que sejam as condições exigidas para que o olho esteja pronto para ver, deve-se concordar que elas não vêm do tato, e que o olho as adquire por si mesmo. Portanto, o olho pode, sem o auxílio de outro sentido, distinguir todas as figuras pintadas nele.

Mas, então, poderiam indagar: quando o olho chega a esse ponto? Talvez mais rapidamente do que se pensa. Lembrai-vos, madame, quando fomos juntos ao gabinete do Jardim Real,[31] do experimento do espelho côncavo e do medo que tivestes quando vistes a ponta de uma espada vir em vossa direção com a mesma velocidade que a ponta daquela que tínheis em mãos, avançando para a direção da superfície do espelho. Estáveis habituada a referir para além dos espelhos os objetos que neles são pintados. Mas o experimento não é nem tão necessário nem tão infalível quanto se pensa, para perceber os objetos ou suas imagens onde eles estão. Vosso papagaio é prova disto. A primeira vez que se viu num espelho, aproximou o bico, e, quando não encontrou seu presumido semelhante, deu a volta no espelho, buscando por ele na parte de trás. Eu não poderia dar ao testemunho de um papagaio uma força maior do que ele tem; mas é a experiência de um animal, e este é imune ao preconceito.

Entretanto, garantem-me que o cego de nascença nada distinguiu por dois meses, e não me admiro. Concluo que é necessário ter experiência do órgão, mas, de modo algum, que, para tanto, o toque seja necessário. Compreendo melhor a importância de se deixar o cego na escuridão por algum tempo, se quisermos destiná-lo a observações; de dar a seus olhos toda a liberdade para que se exercitem, o que é mais cômodo nas trevas do que à luz do dia; e de realizar os experimentos a uma luz crepuscular, ou ao menos ter a possibilidade de aumentar ou diminuir a claridade

---

31 Descrito por Daubenton em 1753; ver Buffon, *História natural*, op. cit., p.415-21.

*Carta sobre os cegos*

do meio em que serão realizados. Estou disposto a convir que experimentos como esses são sempre muito difíceis de realizar e seus resultados são muito incertos, e que o caminho mais curto, embora pareça ser o mais longo, é incutir conhecimentos filosóficos que tornem o cego capaz de comparar as duas condições pelas quais ele passou, informando-nos a respeito da diferença entre os estados do cego e do homem que vê. Pois, com efeito, o que esperar de alguém que não está habituado a refletir e a voltar-se sobre si mesmo, e que, como o cego de Cheselden, ignora as vantagens da visão, a ponto de ser insensível à sua desgraça e de não imaginar que a perda desse sentido prejudica em muito os seus prazeres? Saunderson, a quem não será recusado o título de filósofo, certamente não mostrava toda essa indiferença. Duvido mesmo que compartilhasse da mesma opinião que o autor do excelente *Tratado sobre os sistemas*. Suspeito que esse filósofo incorra numa espécie de sistema quando afirma "que, se a vida de homem não tivesse sido mais que uma sensação ininterrupta de prazer ou de dor, num caso feliz, sem nenhuma ideia de mal, infeliz no outro, sem nenhuma ideia de bem, então, ou ele teria gozado ou sofrido, e, como se fosse essa a sua natureza, ele não olharia ao seu redor para saber se algum ser velava por sua conservação ou trabalhava para prejudicá-la. Ora, a passagem alternada de um desses estados ao outro é, precisamente, o que nos faz refletir".[32]

Acreditai, madame, que, se o autor tivesse descido de uma percepção clara a outra (pois tal é sua maneira de filosofar, e ela está correta), ele jamais poderia ter chegado a essa conclusão. Com a felicidade e a infelicidade não se passa o mesmo que

---

32 Condillac, *Tratado dos sistemas*, cap. 5.

com as trevas e a luz. Uma não consiste na pura e simples privação da outra. Talvez tivéssemos como certo que a felicidade não é para nós menos essencial do que a existência e o pensamento, se ao menos tivéssemos usufruído dela sem nenhuma alteração; mas não posso dizer o mesmo da infelicidade: teria sido natural considerá-la como um estado forçado, sentir-se inocente e, contudo, crer-se culpado, acusar ou desculpar a natureza, exatamente como todos costumam fazer.

Poderia o sr. Condillac pensar que, se uma criança não se queixa quando sofre, é porque sofre incessantemente desde que chegou ao mundo? Caso ele responda que "existir e sofrer seriam a mesma coisa para quem tivesse sempre sofrido, e seria inimaginável, para alguém assim, que se pudesse suprimir a sua dor sem destruir sua existência",[33] eu poderia lhe responder que o homem ininterruptamente infeliz diria, ao contrário, "o que fiz para sofrer?", mas não "o que fiz para existir?". O que não o impediria de utilizar esses dois verbos, *existo* e *sofro*, como sinônimos, um na prosa, outro na poesia, a exemplo do que fazemos com as expressões *vivo* e *respiro*. De resto, madame, tereis observado, melhor do que eu que essa passagem do sr. Condillac é muito bem escrita, e receio que diríeis, comparando a minha crítica a essa reflexão, que preferis um erro de Montaigne a uma verdade de Charron.

Mais uma vez nos desviamos. Sim, madame, é a sina de nosso tratado. Ofereço agora a minha opinião sobre as duas questões precedentes. Penso que, na primeira vez que os olhos do cego de nascença se abrem para a luz, ele não percebe absolutamente nada, pois os olhos precisam de algum tempo para

---

33 Ibid.

*Carta sobre os cegos*

se experimentar a si mesmos, e efetivamente o fazem, mas sem o auxílio do tato, e conseguem distinguir não somente as cores, mas também os contornos mais grosseiros dos objetos. Supondo agora que ele adquira essa aptidão num período de tempo muito curto, ou então, agitando os olhos nas trevas, onde se teria tido o cuidado de encerrá-lo e de exortá-lo a esse exercício durante um período após a operação e antes dos experimentos, vejamos se ele reconheceria com a visão os corpos que tivesse tocado e se seria capaz de lhes dar os nomes que lhes convêm. É a última questão que me resta a resolver.

Para vos agradar, recorrerei a um método que convém ao vosso gosto e distinguirei diferentes tipos de pessoas que poderiam participar de nossos experimentos. Se forem pessoas grosseiras, sem educação, ignorantes e despreparadas, penso que, uma vez reparado o defeito do órgão e o olho estiver sadio, os objetos serão pintados nele com distinção. Mas, como essas pessoas não estão habituadas ao raciocínio e não sabem o que é sensação ou ideia, não terão condições de comparar entre as representações que receberam pelo tato e as que adquiriram pelos olhos, e, por isso, dirão: este é um círculo, este é um quadrado, sem que o seu juízo tenha fundamento; ou, senão, reconhecerão com toda franqueza que não percebem nos objetos oferecidos à sua vista algo que se assemelhe aos que elas tocaram.

Outras pessoas, comparando as figuras que percebem nos corpos às que realizavam uma impressão sobre as suas mãos, e aplicando, pelo pensamento, o tato a corpos afastados, dirão que uma delas é um quadrado e a outra é um círculo, mas não saberão dizer por quê. A comparação entre as ideias que adquiriram pelo tato e as que receberam pela vista não se produz nelas com distinção suficiente para convencê-las da verdade de seu julgamento.

Passarei agora, sem mais digressões, a um metafísico com o qual seria feita a experiência. Não duvido que ele raciocinasse a partir do instante em que começasse a perceber distintamente os objetos, como se os tivesse visto durante toda a sua vida, e, após ter comparado as ideias que lhe vêm pelos olhos com as recebidas do tato, dissesse com a mesma segurança que vós e eu: "Sou tentado a crer que este é o corpo que sempre chamei de círculo e este outro é o que sempre chamei de quadrado; mas não direi que realmente é assim. Como saber se, ao aproximar-me deles, não desapareceriam sob as minhas mãos? Como saber se os objetos de minha visão são os mesmos que os do meu tato? Ignoro se o que é visível também é palpável. Mas, mesmo que tivesse certeza de que é assim, e fiasse-me na palavra dos que me rodeiam, a situação não seria diferente. Estes objetos poderiam muito bem se transformar em minhas mãos, e enviar a mim pelo tato sensações contrárias às que experimento pela visão. Senhores, este corpo parece-me um quadrado, este outro, um círculo, mas não sei se também o são para o tato e a visão".

Se substituirmos agora o metafísico pelo geômetra, Locke por Saunderson, ele dirá que, se acreditar em seus olhos, uma das duas figuras é a que chama de quadrado, a outra de círculo: "Percebo que só na primeira posso ordenar os fios e colocar os alfinetes de cabeça grande que marcavam os pontos angulares do quadrado, e só na segunda posso inscrever ou circunscrever os fios que eram necessários para demonstrar as propriedades do círculo. Eis um círculo! Eis um quadrado!". E prosseguiria, como Locke: "Talvez, quando aplicar minhas mãos sobre estas figuras, elas se transformem uma na outra, de modo que a mesma figura poderia servir para demonstrar aos cegos as propriedades do círculo, e aos que veem, as do quadrado. Talvez eu visse

*Carta sobre os cegos*

um quadrado e sentisse um círculo. Não, eu me engano. Aqueles a quem eu demonstrasse as propriedades do círculo e do quadrado não tinham as mãos sobre meu ábaco e não tocavam os fios que eu estendera, e que limitavam as figuras; mesmo assim, eles me entendiam. Não viam, pois, um quadrado onde eu sentia um círculo, pois, do contrário, não nos entenderíamos. Eu teria traçado uma figura e demonstrado as propriedades de outra; teria dado um arco de círculo por uma linha reta. Mas, já que todos me compreendiam, cada um via tão bem quanto os demais, do que decorre que vejo como quadrado o mesmo que eles veem como quadrado, e como círculo o mesmo que eles veem como círculo. Eis, portanto, o que sempre chamei de quadrado e de círculo".

Se substituí a esfera pelo círculo e o cubo pelo quadrado é porque, aparentemente, só julgamos as coisas pela experiência, e, por isso, aquele que se serve de seus olhos pela primeira vez vê tão somente superfícies e não sabe o que é saliência. A saliência de um corpo consiste, para a visão, em pontos que parecem mais próximos de nós do que outros.

Mas, mesmo que um cego possa julgar as saliências e a solidez dos corpos quando começa a ver, e tenha condições de discernir não somente o círculo do quadrado, mas também a esfera do cubo, não creio que isso ocorreria com um objeto mais complexo. Tudo indica que a cega de nascença do sr. Réaumur discerniu as cores entre si, mas aposto trinta contra um que se pronunciou a esmo quanto à diferença entre a esfera e o cubo. Tenho por certo que ela não reconheceu suas luvas, seu robe ou seus sapatos, a não ser que tenha sido por uma revelação. Esses objetos admitem um sem-número de modificações, e há tão pouca relação entre a sua forma total e a dos membros que eles se destinam a ornar ou cobrir, que teria sido mil vezes mais embaraçoso para Saunderson determinar o uso de um chapéu quadrado do que para os srs. d'Alembert e Clairaut descobrir o uso de suas tábuas.[34]

Saunderson não teria deixado de supor que entre as coisas e seu uso reina uma relação geométrica. E, por conseguinte, de perceber, a partir de duas ou três analogias, que seu gorro era feito para sua cabeça, pois não se trata de uma forma arbitrária que pudesse enganá-lo. Mas o que teria pensado dos ângulos e do tufo de seu boné quadrado? Qual o uso desse tufo? Por que quatro ângulos, e não seis? Ele teria perguntado isso pois essas duas modificações, que são para nós uma questão de ornamento, seriam para ele fonte de uma multidão de raciocínios absurdos ou antes ocasião para uma excelente sátira do que chamamos de bom gosto.

Se pesarmos bem, reconheceremos que a diferença entre uma pessoa que sempre enxergou, mas a quem o uso de um objeto é desconhecido, e outra que conhece o uso de um objeto, mas nunca enxergou, não é vantajosa para esta última. Entretanto, acreditais, madame, que se vos mostrassem hoje, pela primeira vez, um adereço, conseguiríeis adivinhar que é um adorno, e um adorno para a cabeça? Se, para o cego de nascença que adquire a visão torna-se cada vez mais difícil julgar objetos quanto maior o número de suas formas, quem o impediria de tomar o observador bem vestido e imóvel, que se senta diante dele num sofá, por um móvel ou por uma máquina? E uma árvore, cujas folhas são agitadas pelo ar, por um ser animado e pensante, que se move? Quantas coisas os sentidos nos oferecem, madame! Seria difícil

---

34 Aléxis de Clairaut (1713-1765), jovem geômetra, autor de *Éléments de géometrie* (1741) e, como d'Alembert, membro da Academia de Ciências.

para nós, sem os nossos olhos, supor que um bloco de mármore não pensa e não sente![35]

Portanto, fica demonstrado que Saunderson teria certeza de que não se enganava no julgamento que acabara de fazer sobre o círculo e o quadrado, e que há casos em que o raciocínio e a experiência alheios podem esclarecer a visão sobre a relação com o tato e mostrar que o que vale para os olhos vale também para o tato.

Para demonstrar que uma proposição é eternamente verdadeira, seria essencial fazê-lo sem o testemunho dos sentidos. Pois, se alguém quisesse provar que a projeção de duas linhas paralelas sobre uma lápide deveria ser feita a partir de duas linhas convergentes porque os dois traçados parecem iguais, estaria com isso negligenciando que a proposição é tão verdadeira para um cego quanto para quem vê.

A suposição precedente a respeito do cego de nascença sugere duas outras, uma de um homem que teria enxergado desde o nascimento, mas fosse desprovido do tato, a outra de um homem para o qual o sentido da visão e do tato estariam em perpétua contradição. Poder-se-ia perguntar, a respeito do primeiro, se, restituindo-lhe o sentido que lhe falta e cobrindo-lhe a visão com uma venda, ele teria como reconhecer os corpos a partir do tato. É evidente que a geometria, supondo que a conhecesse, poderia lhe fornecer um meio infalível para que verificasse se os testemunhos dos dois sentidos são ou não contraditórios. Bastaria que ele tomasse o cubo e a esfera entre suas mãos, demonstrasse as suas propriedades e declarasse que se enxerga

---

35 O bloco de mármore terá sua sensibilidade afirmada logo na abertura do primeiro diálogo do *Sonho de d'Alembert*. Ver *O sonho de d'Alembert e outros escritos*, op. cit.

[um] cubo naquilo que ele sente como cubo e que, por conseguinte, é o cubo que ele segura. Mas, se ignorasse a geometria, penso que teria tanta dificuldade para diferenciar o cubo da esfera a partir do tato quanto o cego do sr. Molyneux teve para fazê-lo a partir da visão.

Quanto àqueles em que os sentidos da visão e do tato se contradizem eternamente entre si, não sei o que eles pensariam de formas, ordem, simetria, beleza, feiura etc. Aparentemente, essas coisas seriam, para eles, como a extensão e a duração dos seres são para nós. Diriam que um corpo tem uma forma; mas tenderiam a crer que não é a que veem nem a que sentem. Esses homens poderiam até ficar descontentes com seus sentidos, mas seus sentidos não ficariam nem contentes nem descontentes com os objetos. Se tivessem de acusar algum deles de falsidade, creio que escolheriam o tato. Mil circunstâncias os inclinariam a pensar que a figura dos objetos se altera devido à ação de suas mãos sobre eles e não à dos objetos sobre os seus olhos. Por causa de seus preconceitos, a diferença entre o duro e o mole, que observariam nos corpos, seria muito embaraçosa.

Mas, só porque nossos sentidos não estão em contradição a respeito das formas, quer dizer que as conhecemos melhor? Quem disse que realmente as conhecemos bem? Quem garante que não estamos lidando com falsos testemunhos? Contudo, nós julgamos. Quando colocamos os conhecimentos humanos na balança de Montaigne, madame, não estamos longe de assumir a sua divisa. O que sabemos a respeito da matéria? Nada. O que são o espírito e o pensamento? Sabemos menos ainda. O que são o movimento, o espaço e a duração? Simplesmente não sabemos. O que são as verdades geométricas? Interrogai os matemáticos de boa-fé e eles confessarão que suas proposições são todas

*Carta sobre os cegos*

idênticas, e que os muitos tratados escritos sobre o círculo, por exemplo, se reduzem a repetir, de mil modos diferentes, que se trata de uma figura em que todas as linhas que partem do centro da circunferência são iguais. Quer dizer, nosso conhecimento é ínfimo. No entanto, quantos escritos não há, cujos autores pretendem saber alguma coisa! Não entendo por que o mundo não se cansa de ler sem nada aprender. Pensando bem, pode ser pela mesma razão que me dá a honra de vos entreter há duas horas[36] sem me entediar e sem nada vos dizer.

Com profundo respeito, madame,

Vosso muito humilde
e obediente servidor

---

36 Diderot indica assim à leitora atual o tempo necessário e suficiente à leitura da *Carta* – de preferência, em voz alta.

# Adição à carta precedente

Lançarei sem ordem sobre o papel fenômenos que eu desconhecia e que poderão provar ou refutar alguns parágrafos de minha *Carta sobre os cegos*, escrita há 33 ou 34 anos. Reli-a de maneira imparcial e não me desagradou. Embora a primeira parte tenha me parecido mais interessante do que a segunda, e tenha sentido que aquela poderia ser um pouco mais extensa, e esta, um pouco mais enxuta, irei deixá-las como estão, pois receio que as páginas do mais jovem nada tenham a ganhar com os retoques do mais velho. Creio que seria vão buscar agora por ideias e por uma expressão melhores, e receio ser igualmente incapaz de corrigir o que há de repreensível. Um pintor célebre de nossos dias desperdiça os últimos anos de sua vida a estragar as obras-primas que produziu no vigor da juventude.[37] Não sei se os defeitos que ele observa são reais, mas o talento que deveria retificá-las ou nunca existiu, se levou as imitações da natureza aos limites da arte, ou, se o possuía, perdeu-se, mesmo

---

37 Alusão a Quentin de la Tour (1704-1778), célebre pintor francês.

porque tudo o que é do homem perece com ele. Chega um tempo em que o gosto dá conselhos cujo acerto reconhecemos, mas não temos mais força para segui-los. A pusilanimidade, que nasce da consciência da fraqueza, ou a preguiça, que é uma das consequências da fraqueza e da pusilanimidade, afasta-me de um trabalho que serviria mais para prejudicar a minha obra do que para melhorá-la.

*Solve senescentem mature sanus equum, ne*
*Peccet ad extremum ridendus, et ilia ducat.*

Horácio, *Epístolas*, I, vs. 8-9.[38]

## Fenômenos

1. Um artista que domina a fundo a teoria de sua arte e cuja prática não fica a dever para nenhum outro garantiu a mim que pelo tato e não pela visão ele julga a curvatura dos frontões, rolando-os levemente entre o polegar e o indicador, impressão sucessiva que lhe permitia discernir ligeiras desigualdades que escapariam ao seu olho.

2. Ouvi falar de um cego que reconhecia pelo tato as cores dos tecidos.

3. Poderia citar outro, que discerne as nuances entre os buquês de flores com a mesma delicadeza de que se gabava Rousseau quando contava a seus amigos, a sério ou brincando,

---

38 "Se tens juízo, é tempo de libertar esse velho cavalo de corrida,/ para que não se estatele ridiculamente, de bofes de fora." Trad. Pedro Braga Falcão. Lisboa: Cotovia, 2017.

*Carta sobre os cegos*

que tinha um plano de abrir uma escola para dar aulas às floristas de Paris.

4. A cidade de Amiens conheceu um mestre de ofícios cego que dirigia uma oficina numerosa com tanta inteligência quanto se tivesse o uso dos olhos.

5. O uso dos olhos priva o vidente de firmeza nas mãos. Para raspar a cabeça, ele afasta o espelho e se coloca diante de uma parede nua. O cego, que não percebe o perigo, é muito mais intrépido, e não duvido que ele ande com passo firme sobre as pranchas estreitas e elásticas de uma pinguela sobre o precipício. Há poucas pessoas para quem o aspecto das profundezas abissais não obscureça a vista.

6. Quem não conheceu ou ouviu falar do célebre Daviel? Assisti a várias de suas operações. Removera a catarata de um ferreiro que contraíra essa doença por causa do fogo contínuo de seu forno. Durante os 25 anos em que deixou de enxergar, adquiriu o hábito de recorrer ao tato, a tal ponto que era preciso castigá-lo para que ele se dignasse a recorrer ao sentido que lhe fora restituído. Daviel lhe dizia, enquanto o surrava: "Vê se enxerga, maldito!". Ele andava e fazia, de olhos fechados, tudo o que fazemos com os olhos abertos.

Poderíamos concluir disso que o olho não é tão útil nem tão essencial à nossa felicidade quanto seríamos tentados a crer. Como poderíamos não ser indiferentes à perda de algo cuja privação, há muito sentida por nós, não acarreta dor, quando, para Daviel, o espetáculo da natureza se tornara desprovido de todo encanto? A visão de uma mulher querida? Não creio que seja o caso, não importam as consequências do fato que irei relatar. Imagina-se que, se tivéssemos passado um longo tempo sem ver, quando recobrássemos a visão, não nos cansaríamos mais de olhar; mas isso não é verdade. Há uma enorme diferença entre a cegueira passageira e a permanente.

7. O acolhimento de Daviel atraía para o seu laboratório doentes indigentes que vinham implorar pela ajuda, vindos de todas as províncias do reino, e sua reputação atraía uma assembleia curiosa, instruída e numerosa. Creio que eu e o sr. Marmontel participamos dela juntos, no mesmo dia.[39] O doente estava sentado. A catarata é removida. Daviel põe as mãos sobre seus olhos, que ele acabara de abrir para a luz. Uma mulher idosa, de pé ao lado dele, mostrava o mais vivo interesse pelo êxito da operação. Seus membros tremiam a cada gesto do cirurgião. Este sinalizou para que ela se aproximasse e a pôs de joelhos diante do paciente. Retira as mãos de seus olhos, o doente os abre, enxerga e grita: "Minha mãe!". Nunca ouvi um grito tão patético; parece que continuo a escutá-lo. A idosa desmaia, as lágrimas correm pelos rostos dos presentes, as esmolas caem de seus bolsos.

8. De todas as pessoas privadas da visão quase ao nascer, a mais surpreendente que já houve e jamais haverá é a srta. Mélanie de Salignac, parente do sr. de la Fargue, lugar-tenente geral do exército do rei, ancião que acaba de morrer com 91 anos coberto por cicatrizes e cumulado de honras.[40] É filha da sra. de

---

39 Trata-se do crítico Jean-François Marmontel (1723-1799), que dirige a partir de 1746 o jornal l'*Observateur Littéraire*. Em 1751 se torna colaborador da *Enciclopédia* e abandona o projeto em 1759, com a saída de d'Alembert, de quem era próximo. Ver em português a carta a Grimm traduzida em Diderot, *Discurso sobre a poesia dramática*. Org. e trad. Franklin de Mattos. São Paulo: CosacNaify, 2005, p.166-75.

40 Sobrinha de Sophie Volland, amiga íntima de Diderot, frequentemente mencionada nas célebres cartas a ela endereçadas. Ver Diderot, *Lettres à Sophie Volland*. Ed. Jean Varloot. Paris: Folio Classiques, 1984.

Blacy, que ainda vive e não passa um dia sem lamentar a perda de uma criança que era a alegria de sua vida e a admiração de todos os seus conhecidos. A sra. de Blacy é uma mulher distinta, pela eminência de suas qualidades morais, que pode ser questionada sobre a verdade de meu relato. A partir de seu ditado, recolhi as particularidades da vida da srta. de Salignac que haviam se subtraído a mim durante os anos em que convivi com ela e sua família, entre 1760 e 1763, ano de sua morte.

Ela possuía um estoque considerável de razão, uma doçura encantadora, uma fineza incomum e ideias engenhosas. Uma de suas tias pediu a sua mãe que a ajudasse a receber dezenove ostrogodos que esperava para o jantar; ao que a sobrinha disse: "Não entendo, minha tia querida; por que agradar a dezenove ostrogodos? Quanto a mim, só quero agradar aos ostrogodos que amo".

O som da voz exercia sobre ela uma sedução ou repugnância como a da fisionomia daquele que vê. Um de seus parentes, coletor geral das finanças, se portou mal com a família, e ela dizia com surpresa: "Quem poderia crer em algo assim, de uma pessoa tão doce?". Quando ouvia alguém cantar, distinguia entre as vozes *morenas* e as *louras.*

Se alguém lhe dirigia a palavra, ela avaliava a altura da pessoa pela direção do som que a afetava de cima para baixo, se a pessoa fosse alta, ou de baixo para cima, se fosse baixa.

O fato de não enxergar não a incomodava. Um dia, quando lhe perguntei a razão, ela respondeu: "É que então eu só teria meus olhos, ao passo que me beneficio dos olhos de todos. Graças à minha privação, sou um objeto de interesse e de comiseração constantes, a todo momento alguém quer me ajudar; e a todo momento sou grata. Ah, se eu enxergasse, ninguém mais se ocuparia de mim!".

Os erros da visão diminuíam seu apreço por ela. "Encontro-me na entrada de um extenso vale. Na outra extremidade, há um objeto: um de vós o vê em movimento; outro, em repouso. Um diz que é um animal, o outro, que é um homem, e, quando nos aproximamos dele, vemos que é um tronco. Todos ignoram se a torre que percebem ao longe é redonda ou quadrada. Eu enfrento os turbilhões de poeira, enquanto os que me rodeiam fecham os olhos e ficam infelizes, algumas vezes por uma manhã inteira, por não tê-los fechado mais depressa. Um átomo ínfimo é suficiente para atormentá-los cruelmente...". À chegada da noite, dizia, "vosso reino vai acabar, o meu está para começar". Presume-se que, vivendo nas trevas com o hábito de agir e pensar durante a noite eterna, a insônia, que nos é tão desagradável, não a afetasse tanto.

Não me perdoava por eu ter escrito que os cegos, por serem privados dos sintomas do sofrimento, seriam cruéis. "Acreditai", dizia-me, "que escutais o lamento como eu?" – Há infelizes que sabem sofrer sem se lamentar. – "Creio", acrescentava ela, "que eu os teria logo percebido e os lamentaria ainda mais".

Ela era apaixonada por leitura e louca por música. "Creio", dizia ela, "que eu não me cansaria nunca de ouvir alguém cantar ou tocar bem um instrumento, e, se essa felicidade fosse a única no céu da qual pudéssemos usufruir, eu não ficaria triste de estar lá. Pensais corretamente, quando assegurais que a música é a mais violenta das belas-artes, sem excetuar a poesia e a eloquência; que mesmo Racine não se exprimia com a delicadeza de uma harpa; que sua melodia era pesada e monótona em comparação à de um instrumento, e que muitas vezes havíeis desejado dar a vosso estilo a força e a leveza dos tons de Bach. Pois, para mim, é a mais bela das línguas. Nas línguas faladas, quanto melhor pronunciamos, mais articulamos suas sílabas, ao passo que, na língua musical, os sons mais afastados do grave ao agudo e do agudo ao grave se alinham e se seguem imperceptivelmente. É, por assim dizer, uma única e longa sílaba, que a cada instante varia a inflexão e a expressão. Enquanto a melodia leva esta sílaba ao meu ouvido, a harmonia executa, sem confusão, sobre uma multidão de instrumentos diversos, duas, três, quatro ou cinco, e todas concorrem para fortalecer a expressão da primeira, e as partes cantantes são como intérpretes que eu dispensaria, quando o sinfonista é um homem de gênio e sabe dar caráter a seu canto.

"É sobretudo no silêncio da noite que a música é expressiva e deliciosa.

"Estou convencida de que, distraídos por seus olhos, os que veem não podem escutá-la nem entendê-la como a escuto e a entendo. Por que o elogio que fazem dela me parece tão pobre e fraco? Por que nunca pude falar como sinto? Por que me deteria no meio de meu discurso, procurando palavras que pintem minha sensação sem encontrá-las? Será que essas palavras ainda não foram inventadas? Eu só poderia comparar o efeito da música aos da embriaguez que experimento quando, após uma longa ausência, precipito-me entre os braços de minha mãe, a voz me falta, os membros tremem, as lágrimas correm, os joelhos fogem sob mim. É como se fosse morrer de prazer."

Ela tinha o mais delicado sentimento de pudor. Quando lhe perguntei a razão, ela me disse: "É o efeito dos discursos de minha mãe; ela me repetiu tantas vezes que a visão de certas partes do corpo convidava ao vício; e vos confessaria, se eu ousasse, que há pouco tempo que a compreendi, e que talvez tenha sido necessário que eu deixasse de ser inocente".

Morreu de um tumor nas partes internas, doença que nunca teve coragem de declarar.

Suas vestes, sua roupa, sua pessoa, eram de uma limpidez tão refinada, pois, como não enxergava, nunca estava certa de ter feito o que era necessário para poupar àqueles que veem o desgosto do vício oposto.

Se lhe davam de beber, ela sabia quando o copo estava cheio pelo som do líquido ao cair. Comia os alimentos com uma circunspecção e uma habilidade surpreendentes.

Por vezes fazia a brincadeira de se colocar diante de um espelho para se arrumar e imitar todas as caras de uma coquete que se armava. Estourávamos de rir, tamanha a verdade dessa pequena macaquice!

Desde a mais tenra juventude, estudara uma maneira de aperfeiçoar os sentidos que lhe restavam, e seu êxito foi realmente incrível. O tato a ensinara, a respeito das formas dos corpos, singularidades muitas vezes ignoradas pelos que tinham olhos melhores que os seus.

Sua audição e seu olfato eram excelentes; julgava pela impressão do ar, pelo estado da atmosfera, se o tempo estava nebuloso ou sereno; se caminhava por uma praça ou por uma rua, se por uma rua ou num beco, se era um lugar aberto ou fechado, se estava num apartamento amplo ou num quarto pequeno.

Media o espaço circunscrito a partir do ruído de seus passos e da ressonância de sua voz. Quando tivesse percorrido uma casa, a topografia lhe ficava na cabeça. A ponto de prevenir os outros sobre os pequenos perigos aos quais se expunham: "Tomai cuidado", ela dizia, "aqui a porta é muito baixa; lá encontrareis um degrau".

Ela observava nas vozes uma variedade que nos é desconhecida, e quando ouvia uma pessoa falar algumas vezes, era para sempre.

Era pouco sensível aos charmes da juventude e pouco chocada com as rugas da velhice. Dizia que só as qualidades do coração e do espírito lhe eram temíveis. Esta era ainda uma das vantagens da privação da vista, sobretudo para as mulheres. "Nunca", dizia ela, "um belo homem me fará perder a cabeça".

Era confiante. Teria sido tão fácil e tão vergonhoso enganá-la! Seria uma perfídia indesculpável deixá-la crer que estava só num apartamento.

Ela não tinha nenhuma espécie de terror pânico. Raramente sentia tédio. A solidão a havia ensinado a bastar-se a si mesma. Havia observado que nas viaturas públicas, durante uma viagem, na caída do dia, tudo ficava silencioso. "Quanto a mim", ela dizia, "não tenho necessidade de ver aqueles com os quais amo me entreter".

Dentre todas as qualidades, ela apreciava mais o julgamento sadio, a doçura e a alegria.

Falava pouco e escutava muito: "Eu sou como os pássaros", dizia, "aprendo a cantar nas trevas".

Aproximando o que havia escutado de um dia para outro, ficava revoltada com a contradição de nossos juízos. Parecia-lhe quase indiferente ser louvada ou reprovada por seres tão inconsequentes.

Ensinaram-na a ler com caracteres recortados. Tinha a voz agradável, cantava com gosto, teria de boa vontade passado a vida no concerto ou na Ópera. Só se entediava com música barulhenta. Dançava à maravilha, tocava muito bem viola soprano, e havia tirado desse talento um meio de atrair pessoas jovens de sua idade ensinando-lhes as danças e contradanças da moda.

Era a mais amada por seus irmãos e irmãs. Dizia: "Eis o que devo ainda à minha enfermidade: as pessoas se afeiçoam a mim pelos serviços que me prestaram e pelos esforços que fiz para reconhecê-los e merecê-los. Acrescentai que meus irmãos e irmãs não são ciumentos. Se eu tivesse olhos, seria à custa de meu espírito e meu coração. Tenho tantas razões para ser boa! O que seria de mim se perdesse o interesse que inspiro?".

Na ruína da fortuna de seus pais, a perda dos mestres foi a única que ela lamentou. Mas eles tinham tanto apreço e estima por ela que o geômetra e o músico suplicaram-lhe insistentemente que aceitasse suas lições gratuitamente, e ela dizia à sua mãe: "Mamãe, o que fazer? Eles não são ricos, e têm necessidade de todo o seu tempo".

A música lhe havia sido ensinada por meio de caracteres em relevo que eram colocados sobre linhas elevadas na superfície de uma grande mesa. Ela lia os caracteres com a mão e os executava em seu instrumento, e em muito pouco tempo de estudo havia aprendido a tocar em parte a peça mais longa e mais complicada.

Conhecia elementos de astronomia, de álgebra e de geometria. Sua mãe, que lia para ela o livro do abade de la Caille, lhe perguntava algumas vezes se ela o entendia; ela respondia: *entendo tudo*.

Pretendia que a geometria era a verdadeira ciência dos cegos, porque era fortemente aplicável, e não exigia nenhum recurso para se aperfeiçoar. "O geômetra", ela acrescentava, "passa quase toda a sua vida de olhos fechados".

Vi os mapas sobre os quais ela estudava geografia. Os paralelos e os meridianos são fios de bronze; os limites dos reinos e províncias são distinguidos por bordados em linha, em seda e em lã mais ou menos forte; os rios, os riachos e as montanhas por cabeças de alfinete mais ou menos grandes e as cidades mais ou menos consideráveis por gotas desiguais de cera.

Um dia eu lhe disse: "Senhorita, imaginai um cubo. — Eu o vejo. — Imaginai no centro do cubo um ponto. — Pronto. — A partir desse ponto tirai duas linhas retas até os ângulos. Bem, haveis dividido o cubo. — Em seis pirâmides iguais, acrescentou ela, tendo cada uma as mesmas faces, a base do cubo e a metade de sua altura — Isso é verdade; mas onde estais vendo isto? — Em minha cabeça, assim como vós".

Confesso que nunca entendi claramente como ela figurava na sua cabeça sem as cores. Esse cubo se tinha formado pela memória das sensações do tato? Seu cérebro teria se tornado uma espécie de mão sob a qual as substâncias se realizavam? Ao longo do tempo, ter-se-ia estabelecido uma espécie de correspondência entre dois sentidos diversos? Por que esse comércio não existe em mim, e não vejo nada em minha cabeça se não houver cores? O que é a imaginação dos cegos? Esse fenômeno não é tão fácil de explicar como se poderia acreditar.

Ela escrevia com um alfinete com o qual espetava sua folha de papel estendida sobre um quadro atravessado por duas lâminas paralelas e móveis, que só deixavam um espaço vazio entre si de uma linha à outra. A mesma escrita servia para a resposta, que ela lia passando seu dedo sobre as pequenas desigualdades que o alfinete ou agulha haviam feito no verso do papel. Lia um livro que havia sido editado de um só lado. Prault os havia imprimido desse modo para seu uso.

Inseriu-se no *Mercure* do tempo uma de suas cartas.

Ela teve a paciência de copiar com a agulha o *Abregé historique* do presidente Hénault, e obtive da madame de Blacy, sua mãe, esse manuscrito singular.

Eis um fato no qual dificilmente se acreditará, apesar do testemunho de toda a sua família, do meu e o de vinte pessoas que

*Denis Diderot*

ainda vivem. Em uma peça de doze a quinze versos, se lhe davam a primeira letra e o número de letras que compunham cada palavra, ela descobria qual era a peça proposta, por mais bizarra que fosse. Fiz essa experiência com os anfiguris de Collé. Às vezes ela descobria uma expressão mais feliz do que a do poeta.

Ela enfiava uma agulha a mais fina estendendo seu fio ou sua seda sobre o indicador da mão esquerda, e puxando esse fio com uma ponta bem fina pelo buraco da agulha colocada perpendicularmente.

Não havia nenhuma espécie de trabalho que ela não executasse: bainhas, bolsas completas ou simétricas, bordados *a jour*, com diferentes desenhos e diversas cores; suspensórios, braceletes, colares com pequenas contas de vidro, como letras de imprensa. Não duvido que ela pudesse ser um bom tipógrafo: quem pode o mais, pode o menos.

Jogava perfeitamente o reversi, o mediador e a quadrilha; organizava ela mesma as cartas do baralho, que distinguia por meio de pequenos traços que reconhecia pelo tato, e que os outros não reconheciam nem com a vista nem com o tato. No reversi, mudava os sinais com o ás, sobretudo o ás de ouro e de copas. A única atenção que deviam ter para com ela era de nomear a carta ao jogar. Se acontecesse que o de copas fosse ameaçado, difundia-se em seus lábios um leve sorriso que ela não podia conter embora soubesse que era indiscrição.

Era fatalista.[41] Pensava que os esforços que fazemos para escapar ao nosso destino serviriam apenas para nos entregar a ele. Quais eram as suas opiniões religiosas? Ignoro-as. É um segredo que ela guardava para si, por respeito a uma mãe piedosa.

---

41 Expressão cara a Diderot, já então, em 1782, autor do diálogo *Jacques, o fatalista*.

*Carta sobre os cegos*

Resta-me apenas expor suas ideias sobre a escrita, o desenho, a gravura e a pintura. Não creio que haja outras tão próximas da verdade. Pode-se julgá-las pela conversa que se segue, da qual sou o interlocutor. Ela é a primeira a falar.

— Se tivésseis traçado sobre minha mão, com um estilete, um nariz, uma boca, um homem, uma mulher, uma árvore, certamente não me enganarias. Eu não me preocuparia se o traço está errado, reconheceria de imediato a pessoa cuja imagem havíeis traçado. Minha mão se tornaria, para mim, como um espelho sensível. Mas é grande a diferença entre a sensibilidade dessa tela e a do órgão da visão.

Em minha concepção, o olho é uma tela viva, dotada de uma delicadeza infinita. O ar atinge o objeto, e o objeto é refletido no olho, que recebe uma infinidade de impressões diversas de acordo com a natureza, a forma, a cor do objeto e, talvez, as qualidades do ar, que eu, no entanto, conheço tão pouco quanto vós. O objeto é pintado a partir da variedade das sensações.

Se a pele de minha mão igualasse a delicadeza de vossos olhos, eu veria pela minha mão como vedes pelos vossos olhos, e às vezes imagino que há animais cegos, que nem por isso deixam de ser clarividentes.

— E quanto ao espelho?

— Se nem todos os corpos são como espelhos, isso se deve a algum defeito em sua contextura, que extingue a reflexão do ar. Eu me atenho a essa ideia, pois o ouro, a prata, o ferro e o cobre, quando polidos, tornam-se próprios para refletir o ar; a água turva e o espelho riscado perdem essa propriedade.

O que distingue a escrita do desenho, o desenho da estampa e a estampa do quadro, é a variedade da sensação, e, portanto, a propriedade de refletir o ar na matéria que utilizais.

A escrita, o desenho, a estampa, o quadro de uma só cor são como camafeus.

— Mas, se houver somente uma cor, ela será a única discernida.

— Aparentemente, o fundo da tela, a espessura da cor e a maneira de empregá-la introduzem na reflexão do ar uma variedade correspondente à das formas. De resto, não me pergunteis mais nada, minha sabedoria termina aqui.

— Eu teria muita dificuldade, se quisesse vos ensinar algo mais, e seria em vão.

O que eu disse a respeito desta jovem cega não é nada perto do que poderia ter dito se a tivesse frequentado com mais assiduidade e a interrogado com gênio. Mas, dou minha palavra, tudo o que eu disse veio da minha própria experiência.

Ela morreu aos 22 anos. Com uma memória imensa e uma perspicácia como a sua, que caminho ela não teria percorrido nas ciências, se lhe tivessem sido concedidos dias mais longos! Sua mãe lia páginas de história para ela, algo tão útil e agradável para uma quanto para a outra.

# Carta sobre os surdos-mudos, para uso dos que ouvem e falam[1]

*...Versisque viarum*
*Indiciis raptos; pedibus vestigia rectis*

*Ne qua forent...*[2]

---

1 Tradução de Franklin de Mattos e Fabio Stieltjes Yasoshima.
2 "Para não haver quaisquer traços de pés para a frente, puxados na cauda à gruta e, inversa a pegada, arrastados da via." Virgílio, *Eneida*, livro 8, versos 209-11.Trad. João Carlos de Melo Mota. Belo Horizonte: Autêntica, 2022, p.275. Diderot inverte a ordem dos versos.

# *Carta do autor ao sr. B., seu livreiro*[3]

De V..., neste 20 de janeiro de 1751.

Envio-lhe, sr., a *Carta* ao autor das *Belas-artes reduzidas a um mesmo princípio*,[4] revista, corrigida e aumentada segundo conselhos de amigos meus, mas sempre com o mesmo título.

Admito que este título é aplicável indistintamente ao grande número daqueles que *falam sem ouvir*; ao pequeno número daqueles que *ouvem sem falar*; e ao reduzidíssimo número daqueles que *sabem falar e ouvir*; embora minha *Carta* seja apenas para uso destes últimos.

Admito, ainda, que ele é feito à imitação de outro que não é muito bom:[5] mas estou cansado de procurar um melhor. Assim,

---

3 Jean-Baptiste-Claude Bauche, livreiro e editor de Diderot.

4 Charles Batteux, *As belas-artes reduzidas a um mesmo princípio* (1746). Trad. Natalia Maruyama e Adriano Ribeiro. São Paulo: Humanitas/ Imprensa Oficial, 2009.

5 *Carta sobre os cegos, para uso dos que veem.* [Nota de Diderot]

por mais importância que a escolha de um título lhe pareça ter, o de minha *Carta* ficará tal qual é.

Gosto pouco das citações; das do grego, menos que das outras; dão à obra o ar científico, que já não está em moda entre nós. A maioria dos leitores se assusta; e daqui tiraria esse espantalho, se pensasse como livreiro; mas não é assim; logo, deixe o grego em toda parte onde o coloquei. Se muito pouco o preocupa que uma obra seja boa, contanto que a leiam, o que me preocupa, quanto a mim, é fazer bem a minha, ao risco de ser um pouco menos lido.

Quanto à multidão de objetos sobre os quais me permito esvoaçar, saiba, e ensine-o àqueles que o aconselham, que isto não é um defeito numa carta, onde supomos conversar livremente, e onde a última palavra de uma frase é uma transição suficiente.

Pode então imprimir-me, se isto é tudo o que o detém; mas que seja sem nome de autor, por favor; sempre terei tempo de fazer-me conhecer. Sei de antemão a quem não se atribuirá minha obra; e bem sei ainda a quem não se deixaria de atribuí-la, se houvesse singularidade nas ideias, certa imaginação, estilo, não sei que ousadia de pensamento que muito me irritaria possuir, uma ostentação de matemáticas, metafísica, italiano, inglês e, sobretudo, menos latim e grego, e mais música.

Cuide, peço-lhe, para que não se insinuem erros nos exemplos; bastaria um para estragar tudo. O sr. encontrará na prancha do último livro de Lucrécio, da bela edição de Haverkamp,[6] a

---

6  Sigebert Haverkamp, filólogo, professor e editor holandês.

figura que me convém;[7] deve-se apenas dela afastar uma criança que a esconde pela metade, supor-lhe um ferimento abaixo do seio, e executar o traço.[8] O sr. de S..., meu amigo, encarregou-se de rever as provas; ele mora na rua Neuve des... eu sou,

Sr.,
Seu etc.

---

7 Referência à gravura *Les effets de la peste* [Os efeitos da peste], de Frans Van Mieris, o jovem, a qual ilustra a edição holandesa da obra *Da natureza das coisas*, de Lucrécio, Leiden, 1725.

8 Ver Figura 2. [Nota de Diderot]

# *Carta sobre os surdos-mudos, para uso dos que ouvem e falam*

*Onde se trata da origem das inversões, da harmonia do estilo, do sublime de situação, de algumas vantagens da língua francesa sobre a maioria das línguas antigas e modernas, e, acidentalmente, da expressão particular às belas-artes.*

Não tive, sr., a intenção de colher as honras de suas pesquisas, e o sr. pode reivindicar nesta carta tudo aquilo que lhe convier. Se ocorreu de minhas ideias serem vizinhas das suas é como a hera, a quem às vezes ocorre misturar sua folha à do carvalho. Poderia dirigir-me ao sr. abade de Condillac, ou ao sr. Du Marsais, pois eles também trataram a matéria das inversões;[9] mas o sr. foi o primeiro a se oferecer ao meu pensamento, e a isto me acomodei, bem persuadido de que o público não tomaria um feliz encontro por uma preferência. Meu único temor é

---

9  Ver Du Marsais, *Des Tropes, ou des différents sens dans lesquels on peut prendre un même mot dans une même langue* (1730), Paris: Éditions Manicius, 2011; e Condillac, *Ensaio sobre a origem dos conhecimentos humanos* (1746), parte 2, seção 2, cap. 12. Trad. P. P. Pimenta. São Paulo: Editora Unesp, 2018.

distraí-lo, e arrebatar-lhe instantes que, sem dúvida, o sr. dedica ao estudo da filosofia, e a ela os deve.

Para bem tratar a matéria das inversões, creio que convém examinar como as línguas se formaram. Os objetos sensíveis foram os primeiros a tocar os sentidos, e aqueles que reuniam várias qualidades sensíveis ao mesmo tempo foram os primeiros a ser nomeados: são os diferentes indivíduos que compõem este universo. Em seguida, distinguiram-se as qualidades sensíveis umas das outras, e a elas se deram nomes: são a maioria dos adjetivos. Enfim, abstraindo-se dessas qualidades sensíveis, encontrou-se ou acreditou-se encontrar alguma coisa comum a todos esses indivíduos, como a impenetrabilidade, a extensão, a cor, a figura etc., e formaram-se os nomes metafísicos e gerais, e quase todos os substantivos. Pouco a pouco acostumou-se a acreditar que esses nomes representavam seres reais: encararam-se as qualidades sensíveis como simples acidentes; e imaginou-se que o adjetivo era realmente subordinado ao substantivo, embora o substantivo não seja propriamente nada, e *o adjetivo seja tudo*. Que lhe perguntem o que é um corpo, e o sr. responderá que é *uma substância extensa, impenetrável, figurada, colorida e móvel*. Mas tire dessa definição todos os adjetivos, e que restará desse ser imaginário que o sr. chama *substância*? Se alguém quisesse dispor os termos na mesma definição, segundo a ordem natural, diria, *colorida, figurada, extensa, impenetrável, móvel, substância*. É nessa ordem que as diferentes qualidades das porções da matéria afetariam, segundo penso, um homem que visse um corpo pela primeira vez. O olho seria tocado primeiramente pela figura, pela cor e pela extensão; o tato, aproximando-se em seguida do corpo, descobriria a sua impenetrabilidade; e a visão e o tato assegurar-se-iam da mobilidade. Logo, não haveria inversão alguma nessa definição; e há uma naquela que primeiramente apresentamos. Daí resulta que, se alguém quiser sustentar que não há inversão alguma em francês, ou, ao menos, que é muito mais rara do que em todas as línguas eruditas, pode sustentá-lo, quando muito, no sentido de que nossas construções são, em sua maior parte, uniformes; que o substantivo é sempre ou quase sempre colocado antes do adjetivo, e o verbo entre os dois. Pois, se essa questão for examinada em si, a saber, se o adjetivo deve ser colocado adiante ou depois do substantivo, ver-se-á que invertemos com frequência a ordem natural das ideias: o exemplo que acabo de dar é uma prova disso.

Digo *ordem natural* das ideias; pois é preciso distinguir aqui a *ordem natural* da *ordem de instituição* e, por assim dizer, da *ordem científica*; a dos modos de ver do espírito, quando a língua se formou completamente.

Os adjetivos, representando de ordinário as qualidade sensíveis, são os primeiros na ordem natural das ideias; mas, para um filósofo, ou, antes, para muitos filósofos que se acostumaram a encarar os substantivos abstratos como seres reais, estes substantivos são os primeiros a seguir na ordem científica, sendo, segundo sua maneira de falar, o suporte ou a sustentação dos adjetivos. Assim, das duas definições do corpo que foram dadas, a primeira segue a ordem científica ou de instituição; a segunda, a ordem natural.

Donde se poderia tirar uma consequência: que devemos talvez à filosofia peripatética, que realizou todos os seres gerais e metafísicos, já quase não termos em nossa língua o que chamamos de inversões nas línguas antigas. Com efeito, nossos autores gauleses as têm em maior número do que nós, e essa filosofia predominou enquanto nossa língua se aperfeiçoava durante os reinados de Luís XIII e Luís XIV. Os antigos, que generalizavam menos, e que estudavam a natureza mais em detalhe e por indivíduos, tinham em suas línguas um andamento menos monótono, e talvez a palavra inversão fosse muito estranha para eles. O sr. não me objetará, aqui, que a filosofia peripatética é a de Aristóteles, e, por conseguinte, a de uma parte dos antigos; pois, sem dúvida, ensinará a seus discípulos que nosso peripatetismo era bem diferente daquele de Aristóteles.

Porém, talvez não seja necessário remontar ao nascimento do mundo e à origem da linguagem para explicar como as inversões se introduziram e se conservaram nas línguas. Bastaria, creio, transportar-se em ideia para um povo estrangeiro cuja língua se ignorasse; ou, o que dá no mesmo, poder-se-ia empregar um homem que, abstendo-se do uso dos sons articulados, tentaria exprimir-se por gestos.

Esse homem, não tendo nenhuma dificuldade com as questões a ele propostas, não poderia ser mais apropriado para as experiências; e inferir-se-ia com a maior segurança, da sucessão dos seus gestos, qual a ordem de ideias que teria parecido a melhor aos primeiros homens para comunicarem seus pensamentos por gestos, e qual é aquela na qual teriam podido inventar os signos oratórios.

De resto, cuidaria de dar a meu *mudo por convenção* todo o tempo para compor sua resposta; e, quanto às questões, não deixaria de inserir entre elas as ideias das quais teria mais curiosidade em conhecer a expressão por gesto e a sorte numa semelhante língua. Não seria uma coisa, se não útil, pelo menos divertida, multiplicar as tentativas sobre as mesmas ideias e propor as mesmas questões a várias pessoas ao mesmo tempo? Quanto a mim, parece-me que um filósofo que se exercitasse dessa maneira com alguns amigos, bons espíritos e bons lógicos, não perderia inteiramente o seu tempo. Algum Aristófanes faria disso, sem dúvida, uma excelente cena; mas que importa? Alguém diria a si mesmo aquilo que Zenão dizia a seu prosélito: εἰ φιλοσοφίας ἐπιθυμεῖς, παρασκευάζου αὐτόθεν ὡς καταγελασθησόμενος, ὡς etc.[10] Se queres ser filósofo, aguarda que serás ridicularizado.[11] Que bela máxima, sr., e como ela seria bem capaz de colocar acima dos discursos dos homens e de todas as considerações frívolas, almas menos corajosas ainda que as nossas!

O sr. não deve confundir o exercício que aqui proponho com a pantomima comum. Exprimir uma ação ou um discurso por gestos são duas versões muito diferentes. Quase não duvido de que houvesse inversões nas dos nossos mudos; de que cada qual tivesse seu estilo, e de que as inversões estabelecessem em cada estilo diferenças tão marcantes quanto as que se acham nos antigos autores gregos e latinos. Porém, como o estilo que se tem é sempre aquele que se julga o melhor, a conversa que se seguiria às experiências só poderia ser muito filosófica e muito viva; pois todos os nossos mudos por convenção seriam obrigados, quando se lhes restituísse o uso da palavra, a justificar não somente suas expressões, mas ainda a preferência que teriam dado, na ordem de seus gestos, a esta ou àquela ideia.

---

10 A passagem, na verdade, é de Epiteto, *Manual de Epiteto, ou recomendações estoicas para o bem viver* (Trad. José Rodrigues Seabra Filho. Belo Horizonte: Edições Nova Acrópole, 2020), XXII: "Se queres filosofias, prepara-te desde agora para que sejas ridicularizado, para que sejas zombado pela multidão".

11 No original: "Si tu veux être philosophe, attends-toi à être tourné en ridicule".

Essa reflexão, sr., me conduz a outra. É um pouco afastada da matéria que trato; mas numa carta os desvios são permitidos, sobretudo quando podem conduzir a considerações úteis.

Minha ideia seria então decompor, por assim dizer, um homem, e considerar o que ele recebe de cada um dos sentidos que possui. Lembro-me de ter-me ocupado algumas vezes dessa espécie de anatomia metafísica, e achava que, de todos os sentidos, o olho era o mais superficial, o ouvido o mais orgulhoso, o olfato o mais voluptuoso, o paladar o mais supersticioso e o mais inconstante, o tato o mais profundo e o mais filosófico. Que engraçada seria, na minha opinião, uma sociedade de cinco pessoas em que cada qual não tivesse senão um sentido; não há dúvida de que essas pessoas tratar-se-iam todas de insensatas, e deixo ao sr. pensar com que fundamento. Entretanto, eis aí uma imagem do que ocorre a toda hora no mundo; tem-se apenas um sentido e julga-se a respeito de tudo! De resto, há uma observação singular a fazer sobre essa sociedade de cinco pessoas em que cada qual desfrutasse apenas de um sentido: é que, pela faculdade que possuíssem de abstrair, poderiam todas ser geômetras, entender-se perfeitamente, e não se entender senão em geometria. Volto, porém, aos nossos mudos por convenção, e às questões sobre as quais uma resposta lhes seria pedida.

Se essas questões fossem de natureza a permitir mais de uma resposta, ocorreria quase necessariamente que um dos mudos daria uma, e outro mudo, uma outra; e que a comparação de seus discursos seria, se não impossível, ao menos difícil. Esse inconveniente me fez imaginar que, em vez de propor uma questão, talvez valesse mais propor um discurso a ser traduzido do francês para gestos. Não se poderia deixar de proibir a elipse aos tradutores. A língua dos gestos já não é muito clara, para que ainda

*Carta sobre os surdos-mudos*

se aumente seu laconismo pelo uso dessa figura. Concebe-se, pelos esforços que fazem os surdos-mudos de nascença para se fazer compreender, que eles exprimem tudo o que podem exprimir. Portanto, recomendaria a nossos mudos por convenção que os imitassem e não formassem, tanto quanto possível, nenhuma frase em que o sujeito e o atributo com todas as suas dependências não fossem enunciados. Em resumo, eles seriam livres apenas quanto à ordem que julgassem conveniente dar às ideias, ou antes aos gestos que empregassem para representá-las.

Porém, ocorre-me uma dúvida: é que, os pensamentos se oferecendo a nosso espírito, não sei por qual mecanismo, mais ou menos sob a forma que terão no discurso, e, por assim dizer, já maquiados, seria de se temer que esse fenômeno particular estorvasse o gesto de nossos mudos por convenção; que sucumbissem a uma tentação que arrasta quase todos aqueles que escrevem numa outra língua que não a sua: a tentação de modelar a disposição de seus signos pela disposição dos signos da língua que lhes é habitual, e que, assim como nossos melhores latinistas modernos, sem excetuar este ou aquele, incorrem em torneios próprios à língua francesa, a construção de nossos mudos não fosse a verdadeira construção de um homem que jamais tivesse tido noção alguma da língua. Que pensa o sr. a respeito disso? Esse inconveniente seria talvez menos frequente do que imagino se nossos mudos por convenção fossem mais filósofos do que retóricos. Porém, em todo caso, poderíamos nos dirigir a um surdo-mudo de nascença.

Parecer-lhe-á singular, sem dúvida, que o despachem àquele que a natureza privou da faculdade de ouvir e falar para se obter as verdadeiras noções sobre a formação da linguagem. Porém, peço-lhe que considere que a ignorância está menos afastada da verdade do que o preconceito, e que um surdo-mudo de nascença não tem preconceito sobre a maneira de comunicar o pensamento; que as inversões não passaram de outra língua para a sua; que, se as empregar, é apenas a natureza que as sugere, e que ele é uma imagem muito próxima desses homens fictícios que, pelo fato de não terem nenhum signo de instituição, poucas percepções, quase nenhuma memória, poderiam passar facilmente por animais de dois ou quatro pés.

Posso assegurar-lhe, sr., que semelhante tradução daria muita honra, se é que não chegaria a ser melhor do que a maioria daquelas que nos têm sido apresentadas há algum tempo. Aqui não se trataria tão somente de ter apreendido bem o sentido e o pensamento; seria preciso, ainda, que a ordem dos signos da tradução correspondesse fielmente à ordem dos gestos do original. Tal tentativa exigiria um filósofo que soubesse interrogar seu autor, ouvir a resposta e exprimi-la com exatidão; mas a filosofia não se adquire de um dia para o outro.

Entretanto, é preciso confessar que uma dessas coisas facilitaria muito as outras, e que, sendo apresentada a questão com uma exposição precisa dos gestos que comporiam a resposta, chegar-se-ia a substituir os gestos mais ou menos pelos seus equivalentes em palavras; digo mais ou menos pois há gestos sublimes que qualquer eloquência oratória jamais exprimirá. Como o de [Lady] Macbeth na tragédia de Shakespeare. A sonâmbula [Lady] Macbeth avança pela cena, em silêncio e com os olhos fechados; imitando a ação de uma pessoa que lava as mãos, como se as suas ainda estivessem tingidas com o sangue de seu rei que degolara havia mais de vinte anos.[12] Não conheço

---

12 *Macbeth*, quinto ato, cena I.

*Carta sobre os surdos-mudos*

em discurso nada tão patético quanto o silêncio e o movimento das mãos dessa mulher. Que imagem do remorso!

A maneira pela qual uma mulher anunciou a morte ao esposo incerto da sorte dela é ainda uma dessas representações da qual a energia da linguagem oral não se aproxima. Ela se transportou, com o filho entre os braços, para um lugar do campo onde o marido podia percebê-la da torre em que estava encerrado; e, após ter fixado o rosto durante algum tempo do lado da torre, apanhou um punhado de terra que derramou em cruz sobre o corpo do filho que estendera a seus pés. O marido compreendeu o signo e deixou-se morrer de fome. Esquece-se o pensamento mais sublime; mas esses traços não se apagam nunca. Quantas reflexões não poderia aqui fazer, sr., se não me lançassem demasiado fora de meu assunto!

Muito se admirou, e com justiça, um grande número de belos versos na magnífica cena de *Heráclio*,[13] em que Focas ignora qual dos dois príncipes é seu filho. Para mim, o trecho desta cena que prefiro a todo o resto é aquele em que o tirano se volta sucessivamente para os dois príncipes, chamando-os pelo nome do filho, e os dois príncipes permanecem frios e imóveis.

*Martian! À ce mot aucun ne veut répondre.*[14]

Eis aí o que o papel jamais poderá exprimir; eis aí onde o gesto triunfa sobre o discurso!

---

13 Corneille, *Héraclius, empereur d'Orient* [Heráclio, imperador do Oriente].

14 *Heráclio*, quarto ato, cena III. O texto original traz: "Martian! À ce *nom* aucun ne veut répondre". [Marciano! A este nome ninguém responde.]

Epaminondas é atravessado por uma seta mortal na batalha de Mantineia; os médicos declaram que expirará tão logo se arranque a seta de seu corpo; ele pergunta onde está seu escudo — era uma desonra perdê-lo no combate —; trazem-lhe o escudo, ele próprio arranca a seta.

Na sublime cena que termina a tragédia de *Rodoguna*, o momento mais teatral é, sem contestação, aquele em que Antíoco leva a taça aos lábios, e Timágeno entra em cena gritando: *"Ah! Sr.".*[15] Que multidão de ideias e de sentimentos esse gesto e essa palavra não fazem experimentar ao mesmo tempo! Mas continuo divagando. Então volto ao surdo-mudo de nascença. Conheço um do qual poderíamos nos servir tanto mais utilmente quanto não lhe falta espírito e possui o gesto expressivo, como o sr. verá.

Certo dia, eu jogava xadrez e o mudo me observava. Meu adversário reduziu-me a uma posição embaraçosa; o mudo percebeu-o perfeitamente e, acreditando perdida a partida, fechou os olhos, inclinou a cabeça, e deixou cair os braços, signos pelos quais me anunciava que me considerava em lance de mate, ou morto. Note de passagem o quanto a língua dos gestos é metafórica. De início, acreditei que ele tinha razão; entretanto, como o lance era complicado, e eu não esgotara as combinações, não me apressei em ceder e me pus a procurar uma saída. A opinião do mudo era sempre a de que não havia nenhuma; coisa que dizia muito claramente sacudindo a cabeça, recolocando as peças comidas sobre o tabuleiro. Seu exemplo convidou os outros espectadores a falar sobre o lance; nós o examinamos, e, de tanto ensaiarmos maus expedientes, encontramos um que

---

15 Corneille, *Rodogune*, quinto ato, cena IV.

## Carta sobre os surdos-mudos

era bom. Não deixei de me servir dele e de fazer entender ao mudo que tinha se enganado, e que eu sairia do aperto, apesar de sua opinião. Ele, porém, mostrando-me com o dedo todos os espectadores uns após os outros, e fazendo ao mesmo tempo um pequeno movimento dos lábios que acompanhou de um grande movimento dos dois braços que iam e vinham na direção da porta e das mesas, respondeu-me que havia pouco mérito em sair do mau bocado em que estava com os conselhos de um *terceiro*, de um *quarto* e dos *passantes*; e seus gestos significavam tão claramente isso que ninguém se enganou a respeito; e a expressão popular, consultar um terceiro, um quarto e os passantes,[16] ocorreu a vários ao mesmo tempo. Assim, boa ou má, nosso mudo achou essa expressão em gestos.

O sr. conhece, ao menos por ouvir dizer, uma máquina singular sobre a qual o inventor se propunha executar sonatas de cores.[17] Imaginei que, se houvesse um ser no mundo que devesse sentir algum prazer com a música ocular e que pudesse julgar a respeito sem prevenção, era um surdo e mudo de nascença. Conduzi então o meu à rua Saint-Jacques, até a casa onde se podia ver a máquina de cores. Ah! O sr. jamais adivinhará a impressão

---

16 "Consulter le tiers, le quart et les passants." Referência à "le tiers et le quart" ["o terceiro e o quarto"]; segundo o *Dicionário da Academia Francesa*, "todo tipo de pessoa, indiferentemente e sem distinção", ou "não importa quem".

17 Referência ao chamado "cravo ocular", projeto concebido pelo matemático Louis-Bertrand Castel, ou Padre Castel, da ordem dos jesuítas. Castel anuncia seu projeto em uma carta (de 20 de fevereiro de 1725, endereçada ao sr. Decourt) com o seguinte título: *Clavecin pour les yeux, avec l'art de peindre les sons et toutes sortes de pièces de musique* [Cravo para os olhos, com a arte de pintar os sons e todos os tipos de peças musicais].

que essa máquina causou nele, e menos ainda os pensamentos que lhe ocorreram.

O sr. entenderá primeiramente que não era possível comunicar-lhe nada sobre a natureza e as propriedades maravilhosas do cravo; não tendo ideia alguma do som, aquelas que fazia do instrumento ocular não eram certamente relativas à música, e a destinação dessa máquina lhe era tão incompreensível quanto o uso que fazemos dos órgãos da fala. O que então ele pensava, e qual era o fundamento da admiração na qual caiu diante do aspecto dos leques do Padre Castel? Procure, sr.; adivinhe o que ele conjecturou sobre essa máquina engenhosa, que poucas pessoas viram, da qual várias falaram, e cuja invenção daria muita honra à maioria daqueles que falaram dela com desdém: ou antes, escute. Ei-lo.

Meu surdo imaginou que esse gênio inventor era surdo-mudo também; que seu cravo lhe servia para conversar com os outros homens; que cada nuance tinha sobre o teclado o valor de uma das letras do alfabeto, e que, com a ajuda das teclas e da agilidade dos dedos, ele combinava essas letras, formava palavras, frases, enfim, todo um discurso em cores.

Após esse esforço de penetração, admita que um surdo-mudo poderia estar bastante contente consigo mesmo. O meu, porém, não se deteve aí. Súbito acreditou que captara o que era a música e todos os instrumentos de música. Acreditou que a música era uma maneira particular de comunicar o pensamento, e que os instrumentos, as violas, os violinos, os trompetes, eram, em nossas mãos, outros órgãos da fala. Só podia ser, dirá o sr., o sistema de um homem que jamais ouvira nem instrumento nem música. Peço-lhe que considere, porém, que esse sistema, que é evidentemente falso para o sr., é quase demonstrado para um surdo-mudo. Quando esse surdo se recorda da atenção que damos à música e àqueles que tocam um instrumento; dos signos de alegria ou tristeza que se pintam sobre nossos rostos e nossos gestos quando somos tocados por uma bela harmonia; e quando compara esses efeitos com aqueles do discurso e dos objetos exteriores, como pode imaginar que não haja bom senso nos sons, algo que possa sê-lo, e que nem as vozes nem os instrumentos não despertam em nós nenhuma percepção distinta?

Não há aí, sr., uma fiel imagem de nossos pensamentos, de nossos raciocínios, de nossos sistemas, em resumo, desses conceitos que fizeram a reputação de tantos filósofos? Todas as vezes que julgaram coisas que, para serem bem compreendidas, pareciam pedir um órgão que lhes faltava – o que lhes ocorreu com frequência –, eles mostraram menos sagacidade e encontraram-se mais longe da verdade do que o surdo-mudo de que lhe falo. Pois, afinal, se não se fala tão distintamente com um instrumento quanto se pode fazê-lo com a boca, e se os sons não pintam o pensamento tão claramente quanto o discurso, ainda assim eles dizem algo.

O cego de que se trata na *Carta* [sobre os cegos] *para uso dos que veem* certamente mostrou penetração no juízo que fez do telescópio e das lunetas: sua definição do espelho é surpreendente. Porém, encontro mais profundidade e verdade naquilo que meu surdo imaginou em se tratando do cravo ocular do Padre Castel, de nossos instrumentos e de nossa música. Se, em suas conjecturas, não logrou encontrar exatamente o que era, quase encontrou o que deveria ser.

Essa sagacidade talvez o surpreenda menos, se o sr. considerar que aquele que passeia numa galeria de pinturas faz, sem pensar, o papel de um surdo que se divertisse a examinar mudos que se entretêm com assuntos que ele conhecesse. Esse ponto de vista é um daqueles a partir dos quais sempre olhei os quadros que me foram apresentados; e acho que é um meio seguro de conhecer as ações anfibológicas e os movimentos equívocos; de ser afetado prontamente pela frieza ou pelo tumulto de um fato mal ordenado ou de uma conversa mal instituída; e de captar, numa cena em cores, todos os vícios de um desempenho lânguido ou forçado.

O termo desempenho, que é próprio do teatro, e que acabo de empregar aqui, pois exprime bem minha ideia, lembra-me uma experiência que às vezes fiz, e da qual retirei mais luzes sobre os movimentos e os gestos do que todas as leituras do mundo. Antigamente, frequentava muito os espetáculos e sabia de cor a maioria de nossas belas peças. Nos dias em que me propunha um exame dos movimentos e do gesto, ia aos terceiros camarotes: pois, quanto mais afastado dos atores, mais bem colocado eu me encontrava. Tão logo a cortina era erguida, e no momento em que todos os outros espectadores se dispunham a escutar, eu colocava os dedos nos ouvidos, não sem algum espanto da parte daqueles que me cercavam, e que, não me compreendendo, me olhavam quase como a um insensato que vinha à comédia apenas para não a ouvir. Pouco me preocupava com esses juízos, e mantinha teimosamente os ouvidos tapados, enquanto a ação e o desempenho do ator me pareciam de acordo com o discurso de que lembrava. Só escutava quando era confundido pelos gestos, ou acreditava sê-lo. Ah! Sr., como há poucos comediantes em condições de sustentar semelhante prova, e como os detalhes nos quais poderia entrar seriam humilhantes para a maioria deles. Mas prefiro lhe falar da outra surpresa que eu não deixava de causar aos que estavam ao meu redor, quando me viam derramar lágrimas nos trechos patéticos, e sempre com os ouvidos tapados. Então, não resistiam mais, e os menos curiosos ousavam colocar questões às quais respondia friamente "que cada qual tinha sua maneira de escutar, e que a minha era tapando os ouvidos para ouvir melhor"; rindo comigo mesmo dos propósitos que a minha extravagância aparente ou real ocasionava, e bem mais ainda da simplicidade de alguns jovens, que também punham os dedos nos ouvidos para ouvir à minha maneira, e que ficavam espantados que isso não desse certo para eles.

O que quer que o sr. pense de meu expediente, peço-lhe considerar que, se para julgar corretamente a entonação é preciso escutar o discurso sem ver o ator, é absolutamente natural acreditar que, para julgar corretamente o gesto e os movimentos, é preciso considerar o ator sem ouvir o discurso. De resto, aquele escritor célebre por conta de *O Diabo coxo*, *O bacharel de Salamanca*, *Gil Blas de Santilhana*, *Turcaret*,[18] por numerosas peças de teatro e óperas-cômicas, e pelo seu filho, o inimitável Montménil, o sr. Lesage, tinha ficado tão surdo na velhice que era preciso, para se fazer ouvir por ele, pôr a boca em sua corneta e gritar com toda a força. Entretanto, ele ia à representação de suas peças; quase não perdia uma palavra, dizia mesmo que jamais julgara melhor nem o desempenho, nem suas peças, desde que não ouvia os atores; e a experiência assegurou-me de que dizia a verdade.

---

18 *Le Diable boiteux* (1707), *Le Bachelier de Salamanque* (1736), *Histoire de Gil Blas de Santillane* (1715) e *Turcaret ou le Financier* (1709) são peças do escritor Alain René Lesage, cujo primogênito, Montménil, notabilizou-se na cena francesa como ator.

Após algum estudo da linguagem por gestos, pareceu-me então que a boa construção exigia que se apresentasse primeiramente a ideia principal; pois essa ideia manifestada lançava luz sobre as outras, indicando a que os gestos deviam ser relacionados. Quando o sujeito de uma proposição oratória ou gesticulada não é anunciado, a aplicação dos outros signos permanece suspensa. É o que ocorre a toda hora nas frases gregas ou latinas; e jamais nas frases gesticuladas, quando são bem construídas.

Estou à mesa com um surdo-mudo de nascença. Ele quer ordenar ao seu lacaio que me sirva uma bebida. Primeiramente, ele adverte o lacaio; olha-me em seguida. Depois imita com o braço e a mão direita os movimentos de um homem que serve uma bebida. É quase indiferente nessa frase qual dos dois últimos signos segue ou precede o outro. O mudo pode, após advertir o lacaio, ou colocar o signo que designa a coisa ordenada, ou aquele que denota a pessoa a quem a mensagem se dirige; mas o lugar do primeiro gesto é fixo. Só um mudo sem lógica poderia deslocá-lo. Essa transposição seria quase tão ridícula quanto a inadvertência de um homem que falasse sem que se soubesse bem a quem seu discurso se dirige. Quanto à disposição dos dois outros gestos, é talvez menos um caso de justeza que de gosto, de fantasia, de conveniência, de harmonia, de aprazibilidade e de estilo. Em geral, quanto mais ideias encerrar uma frase e quanto mais arranjos possíveis de gestos ou outros signos houver, maior o perigo de incorrer em contrassensos, anfibologias e outros vícios de construção. Não sei se podemos julgar corretamente os sentimentos e os costumes de um homem por seus escritos, mas creio que não haveria risco de engano sobre a justeza de seu espírito, se o julgássemos por seu estilo ou antes por sua construção. Posso assegurar-lhe, ao menos, que jamais

*Carta sobre os surdos-mudos*

me enganei a respeito disso. Observei que todo homem cujas frases só podiam ser corrigidas se completamente refeitas era um homem do qual só se poderia reformar a cabeça dando-lhe outra.

Porém, entre tantos arranjos possíveis, como distinguir, em se tratando de uma língua morta, as construções que o uso autorizava? A simplicidade e a uniformidade das nossas encorajam-me a afirmar que, se algum dia a língua francesa morrer, haverá mais facilidade em escrevê-la e em falá-la corretamente do que para as línguas grega e a latina. Quantas inversões não empregamos hoje em latim e em grego que o uso do tempo de Cícero e de Demóstenes ou o ouvido severo desses oradores proscreveria?

Mas acaso não temos – dir-me-ão –, em nossa língua, adjetivos que não se colocam senão antes do substantivo, não temos outros que se colocam sempre depois? Como a posteridade instruir-se-á sobre essas sutilezas? A leitura dos bons autores não é suficiente. Quanto a isso, concordo com o sr.; e confesso que, se a língua francesa morrer, os sábios futuros que apreciarem nossos autores o bastante para aprendê-la e utilizá-la não deixarão de escrever indistintamente *blanc bonnet* ou *bonnet blanc* [branco bonete ou bonete branco], *méchant auteur* ou *auteur méchant* [mau autor ou autor mau], *homme galant* ou *galant homme* [homem galante ou homem de bem], e uma infinidade de outras [maneiras de se expressar] que dariam a suas obras um ar completamente ridículo se ressuscitássemos para lê-las; mas que não impedirão seus leitores ignorantes de exclamar à leitura de alguma peça francesa: *Racine não escreveu mais corretamente; é puro Despréaux;*[19] *Bossuet não teria dito melhor; esta prosa tem o ritmo, a força,*

---

19 Nicolas Despréaux Boileau, autor de sátiras, epístolas e da célebre *Arte poética*, de 1674, que vem a lume no mesmo ano em que são publicados

*a elegância, a desenvoltura de um Voltaire.* Porém, se uns poucos casos embaraçosos fazem dizer tantas tolices àqueles que virão depois de nós, que devemos pensar hoje de nossos escritos em grego e em latim, e dos aplausos que obtêm?

Experimenta-se, conversando com um surdo-mudo de nascença, uma quase insuperável dificuldade para designar-lhe as partes indeterminadas da quantidade, quer seja em número, quer em extensão, ou, ainda, em duração, e transmitir-lhe toda abstração em geral. Jamais se tem certeza de ter-lhe feito entender a diferença entre os tempos *je fis* [eu fiz], *j'ai fait* [eu fiz/eu tenho feito], *je faisais* [eu fazia], *j'aurais fait* [eu teria feito]. Assim também ocorre com as proposições condicionais. Portanto, se eu tinha razão de afirmar que, na origem da linguagem, os homens começaram por dar nomes aos principais objetos dos sentidos, *às frutas, à água, às árvores, aos animais, às serpentes etc.; às paixões, aos lugares, às pessoas etc.; às qualidades, às quantidades, aos tempos etc.,* posso ainda acrescentar que os signos dos *tempos* ou das porções da duração foram os últimos inventados. Tenho pensado que, durante séculos inteiros, os homens não tiveram outros tempos senão o presente do indicativo ou do infinitivo que as circunstâncias determinavam ser ora um futuro, ora um perfeito.

Acreditei-me autorizado nesta conjectura pelo estado presente da *língua franca*.[20] Essa língua é a que falam as diversas nações cristãs que comerciam na Turquia e nas escalas do

---

os primeiros cantos de seu poema herói-cômico intitulado *Le Lutrin* e sua tradução do tratado *Do sublime,* atribuído a Longino.

20 Isto é, uma espécie de jargão que, segundo o *Dicionário da Academia Francesa,* misturava "o francês, o italiano, o espanhol e outras línguas", e era utilizado em países do Mediterrâneo oriental.

Levante.[21] Acredito-a hoje tal como sempre foi, e é improvável que se aperfeiçoe algum dia. Sua base é um italiano corrompido. Seus verbos não têm para todos os tempos senão o presente do infinitivo do qual os outros termos da frase ou as conjunturas modificam a significação: assim, *je t'aime* [eu te amo], *je t'aimais* [eu te amava], *je t'aimerai* [eu te amarei], é, em língua franca, *mi amarti*. *Tous ont chanté* [todos cantaram], *que chacun chante* [que cada um cante], *tous chanteront* [todos cantarão], *tutti cantara*. *Je veux, je voulais, j'ai voulu, je voudrais t'épouser* [eu quero, eu queria, eu quis, eu quereria te esposar], *mi voleri sposarti*.

Considerei que as inversões se haviam introduzido e conservado porque os signos oratórios haviam sido instituídos segundo a ordem dos gestos, e que era natural que guardassem na frase o lugar que o direito de primogenitura lhes assinalara. Considerei que, pela mesma razão, o abuso dos tempos dos verbos tendo precisado subsistir, mesmo após a formação completa das conjugações, uns abstiveram-se totalmente de certos tempos, como os hebreus, que não têm nem presente nem imperfeito, e que dizem muito bem *Credidi propter quod locutus sum*, em vez de *Credo et ideo loquor, j'ai cru et c'est par cette raison que j'ai parlé* [acreditei, e por essa razão eu falei]; ou *je crois et c'est par cette raison que je parle* [acredito, e por essa razão eu falo]; enquanto outros fizeram duplo emprego do mesmo tempo, como os gregos, para quem os aoristos se interpretam ora no presente, ora

---

21 No original, *échelles du Levant*, sendo que, nessa expressão, *échelle* ("escala", que, em português, também pode significar "porto onde atracam cargueiros e navios com passageiros, com vistas ao embarque ou desembarque de mercadorias e de pessoas"), segundo o *Dicionário da Academia Francesa*, designa "um lugar de comércio sobre as encostas dos mares do Levante".

no passado. Entre uma infinidade de exemplos, contentar-me-ei de citar-lhe um só que talvez lhe seja menos conhecido do que outros. Epicteto diz: θέλουσι καὶ αὐτοὶ φιλοσοφεῖν. ἄνθρωπε, πρῶτον ἐπίσκεψαι, ὁποῖόν ἐστι τὸ πρᾶγμα: εἶτα καὶ τὴν σεαυτοῦ φύσιν κατάμαθε, εἰ δύνασαι βαστάσαι. πένταθλος εἶναι βούλει ἢ παλαιστής; ἴδε σεαυτοῦ τοὺς βραχίονας, τοὺς μηρούς, τὴν ὀσφὺν κατάμαθε.[22]

O que significa propriamente: "Estas pessoas também querem ser filósofos. Homem, tem primeiramente aprendido o que é a coisa que queres ser. Tem estudado tuas forças e o fardo. Tem visto se podes tê-lo carregado. Tem considerado teus braços e tuas coxas. Tem experimentado teus rins, se queres ser pentatleta[23] ou lutador". Mas que se traduz muito melhor dando aos aoristos primeiros ἐπίσκεψαι, βαστάσαι, e aos aoristos segundos, κατάμαθε, ἴδε, o valor do presente. "Estas pessoas também querem ser filósofos. Homem, aprende primeiramente o que é a coisa; conhece tuas forças e o fardo que queres carregar; considera teus braços e tuas coxas; experimenta teus rins se pretendes ser pentatleta ou lutador". O sr. não ignora que tais atletas do pentatlo eram pessoas que tinham a vaidade de se distinguir em todos os exercícios da ginástica.

Encaro essas bizarrices dos *tempos* como restos da imperfeição original das línguas, traços de sua infância, contra os quais o bom senso, que não permite à mesma expressão traduzir ideias diferentes, inutilmente teria reclamado os seus direitos em

---

22 Epiteto, *Manual*, XXIX.4 e XXIX.5, op.cit, p.49: "Querem também eles mesmos filosofar"; "Homem, primeiro examina de que qualidade é o negócio; em seguida estuda a fundo também a tua própria natureza, [para veres] se o podes sustentar. Desejas ser vencedor no pentatlo ou lutador? Olha os teus braços, as coxas, estuda a fundo o flanco".

23 No original, *quinquertion*.

*Carta sobre os surdos-mudos*

seguida. O hábito se impusera, e o uso teria feito calar o bom senso. Mas não há talvez um só escritor, grego ou latino, que se tenha apercebido desse defeito: digo mais, nenhum talvez que não tenha imaginado que seu discurso, ou a ordem de instituição de seus signos, seguisse exatamente a dos modos de ver de seu espírito; entretanto, é evidente que não era nada disso. Quando Cícero começa a *Oração pró Marcellus* por *Diuturni silentii, Patres Conscripti, quo eram his temporibus usus*[24] etc., vê-se que tivera no espírito anteriormente a seu longo silêncio uma ideia que devia seguir, que comandava a terminação de seu longo silêncio, e que o constrangia a dizer *Diuturni silentii*, e não *Diuturnum silentium*.

O que acabo de dizer da inversão do começo da *Oração pró Marcellus* é aplicável a qualquer outra inversão. Em geral, num período grego ou latino, por mais longo que seja, percebe-se desde o começo que o autor, tendo tido uma razão para empregar tal ou qual terminação, antes que qualquer outra, não tinha de modo algum em suas ideias a inversão que predomina nos seus termos. Com efeito, no período precedente, o que determinava Cícero a escrever *Diuturni silentii* no genitivo, *quo* no ablativo, *eram* no imperfeito, e assim por diante, senão uma ordem de ideias preexistente no seu espírito, totalmente contrária àquela das expressões, ordem à qual se conformava sem se aperceber, subjugado pelo longo hábito de transpor? E por que Cícero não teria transposto sem se aperceber, visto que a coisa ocorre a nós próprios, a nós que acreditamos ter formado nossa língua a partir da sequência natural das ideias? Logo, tive razão

---

24 "O longo silêncio, membros do Senado, que eu vinha adotando nesses tempos." Ver tradução mais à frente, na passagem em que Diderot retoma a oração ciceroniana e inverte a sua ordem.

de distinguir a ordem natural das ideias e dos signos, da ordem científica e de instituição.

Entretanto, o sr. acreditou dever sustentar que, no período de Cícero de que se trata entre nós, não havia nenhuma inversão, e não nego que, em certos aspectos, o sr. possa ter razão; mas, para se convencer disso, é preciso fazer duas reflexões que, segundo me parece, escaparam-lhe. A primeira é que a inversão propriamente dita, ou a ordem de instituição, a ordem científica e gramatical, não sendo outra coisa que uma ordem nas palavras contrária à das ideias, o que for inversão para um frequentemente não o será para outro. Pois, numa sequência de ideias, nem sempre ocorre que todo mundo seja afetado pela mesma. Por exemplo, se destas duas ideias contidas na frase *serpentem fuge*, eu lhe perguntar qual é a principal, dirá o sr. que é a serpente; mas outro sustentará que é a fuga, e ambos terão razão. O homem medroso não pensa senão na serpente; mas aquele que teme menos a serpente do que a minha perda não pensa senão na minha fuga: um se aterroriza e o outro me adverte. A segunda coisa que tenho a observar é que, numa sequência de ideias que temos de oferecer aos outros, todas as vezes que a ideia principal que deve afetá-los não é a mesma que nos afeta, considerando a disposição diferente em que estamos, nós e nossos ouvintes, é essa ideia que se deve apresentar-lhes em primeiro lugar; e a inversão nesse caso não é propriamente senão oratória. Apliquemos essas reflexões ao primeiro período da *Oração pró Marcellus*. Imagino Cícero subindo à tribuna de arengas e vejo que a primeira coisa que deve ter impressionado seus ouvintes é que ele esteve muito tempo sem lá subir; assim, *diuturni silentii*, o longo silêncio que guardou é a primeira ideia que ele deve apresentar-lhes, embora a ideia principal para ele não seja esta, mas *hodiernus dies finem attulit*,[25] pois o que mais impressiona um orador que sobe ao púlpito é que ele vai falar, e não que guardou silêncio muito tempo. Observo ainda outra sutileza no genitivo *diuturni silentii*: os ouvintes não podiam pensar no longo silêncio de Cícero sem procurar ao mesmo tempo a causa, tanto desse silêncio quanto do que o determinava a rompê-lo. Ora, o genitivo, sendo um caso suspensivo, os faz naturalmente esperar todas aquelas ideias que o orador não podia apresentar-lhes ao mesmo tempo.

Eis, sr., segundo me parece, várias observações sobre a passagem da qual falamos, e que o sr. poderia ter feito. Estou persuadido de que Cícero teria arranjado esse período de modo completamente diverso se, em vez de falar em Roma, tivesse sido transportado repentinamente para a África e tivesse que pleitear em Cartago. Por aí o sr. vê que aquilo que não era uma inversão para os ouvintes de Cícero, podia, devia mesmo sê-lo para ele.

Mas vamos além; sustento que, quando uma frase não encerra senão um reduzidíssimo número de ideias, é muito difícil determinar qual é a ordem natural que essas ideias devem ter relativamente àquele que fala. Pois, se elas não se apresentam todas ao mesmo tempo, sua sucessão é ao menos tão rápida que muitas vezes é impossível distinguir aquela que nos toca primeiro. Quem sabe se o espírito não pode ter certo número de ideias exatamente no mesmo instante? Talvez o sr. clame contra o paradoxo. Mas queira antes examinar comigo como o artigo *hic, ille, le*, introduziu-se na língua latina e na nossa. Essa discussão não será nem longa nem difícil, e poderá aproximá-lo de um sentimento que o revolta.

---

25 "O dia de hoje trouxe o fim." Ver, adiante, a tradução das primeiras linhas do texto de Cícero (modificado por Diderot).

Transporte-se primeiramente ao tempo em que os adjetivos e os substantivos latinos que designam as qualidades sensíveis dos seres e os diferentes indivíduos da natureza estavam quase todos inventados, mas em que não havia expressão para essas percepções finas e sutis do espírito, das quais mesmo hoje a filosofia tem tanta dificuldade em marcar as diferenças. Suponha em seguida dois homens acossados pela fome, mas um dos quais não tenha alimento algum em vista, e o outro esteja ao pé de uma árvore tão alta que não possa alcançar seu fruto. Se a sensação fizer falar esses dois homens, o primeiro dirá: *J'ai faim, je mangerais volontiers* [Tenho fome, comeria com prazer]; e o segundo: *Le beau fruit! J'ai faim, je mangerais volontiers* [Que belo fruto! Tenho fome, comeria com prazer]. Mas é evidente que, pelo seu discurso, aquele exprimiu precisamente tudo o que se lhe passou na alma; que, ao contrário, falta algo na frase deste, e que uma das percepções de seu espírito deve estar subentendida. A expressão *je mangerais volontiers*, quando nada se tem ao alcance, estende-se em geral a tudo que pode saciar a fome; mas a mesma expressão se restringe, e por ela se entende somente um belo fruto, quando esse fruto está presente. Assim, embora esses dois homens tenham dito *j'ai faim, je mangerais volontiers*, havia no espírito daquele que exclamou *le beau fruit!* um voltar-se para esse fruto; e não se pode duvidar que, se o artigo *le* tivesse sido inventado, ele não teria dito *le beau fruit! j'ai faim, je mangerais volontiers icelui* ['Que belo fruto! Tenho fome, comeria com prazer *este cá*'], ou *icelui je mangerais volontiers* [*este cá* eu comeria com prazer]. O artigo *le* ou *icelui*[26] não é nessa ocasião e em todas as

---

26 *Icelui*: pronome demonstrativo (aqui traduzido por "este cá"), o qual já havia caído em desuso na época de Diderot.

semelhantes, senão um signo empregado para designar a ação da alma de voltar-se para um objeto que a ocupara anteriormente; e a invenção desse signo é, segundo me parece, uma prova da marcha dialética do espírito.

Não vá me fazer objeções ao lugar que esse signo ocuparia na frase, seguindo a ordem natural das percepções do espírito. Pois, embora todos esses juízos, *le beau fruit! j'ai faim, je mangerais volontiers icelui*, sejam cada um exprimidos por duas ou três expressões, todos eles não supõem senão uma percepção da alma; a do meio, *j'ai faim*, exprime-se em latim por uma única palavra, *esurio*. O fruto e a qualidade são percebidos ao mesmo tempo; e, quando um latino dissesse *esurio*, ele não acreditaria exprimir senão uma só ideia. *Je mangerais volontiers icelui* não são senão modos de uma só sensação. *Je* marca a pessoa que a experimenta; *mangerais*, o desejo e a natureza da sensação experimentada; *volontiers*, sua intensidade ou força; *icelui*, a presença do objeto desejado; mas a sensação não tem de modo algum na alma esse desenvolvimento sucessivo do discurso; e se ela pudesse comandar vinte bocas, cada boca dizendo sua palavra, todas as ideias precedentes seriam expressas ao mesmo tempo; é o que ela executaria perfeitamente num cravo ocular, se o sistema do meu mundo fosse instituído, e cada cor fosse o elemento de uma palavra. Nenhuma língua se aproximaria da rapidez desta. Porém, à falta de várias bocas, eis o que se fez: vincularam-se várias ideias a uma só expressão; se essas expressões enérgicas fossem mais frequentes, em vez de a língua se arrastar incessantemente atrás do espírito, a quantidade de ideias expressas ao mesmo tempo poderia ser tal que, a língua indo mais depressa que o espírito, ele seria forçado a correr atrás dela. Que seria então da inversão que supõe decomposição dos movimentos simultâneos da alma, e uma multidão de expressões? Embora tenhamos poucos desses termos que equivalem a um longo discurso, basta que tenhamos alguns, que pululem no grego e no latim, e que sejam empregados e compreendidos de pronto, para convencê-lo de que a alma experimenta uma multidão de percepções, se não ao mesmo tempo, ao menos com uma rapidez tão tumultuosa que é quase impossível descobrir a sua lei.

Se tivesse de lidar com alguém que ainda não tivesse facilidade para captar ideias abstratas, eu haveria de destacar esse sistema do entendimento humano e lhe dizer: Sr., considere o homem autômato como um relógio ambulante: que o coração represente sua grande mola, e que as partes contidas no peito sejam as outras peças principais do movimento. Imagine na cabeça um timbre guarnecido de pequenos martelos, dos quais parte uma porção infinita de fios que terminam em todos os pontos da caixa; levante sobre tal timbre uma daquelas figurinhas com as quais ornamos o alto de nossos pêndulos, que ela tenha a orelha inclinada como um músico que escutasse se seu instrumento está bem afinado; essa figurinha será a *alma*. Se vários dos pequenos cordões são puxados num mesmo instante, o timbre será atingido por vários golpes, e a figurinha ouvirá vários sons ao mesmo tempo. Suponha que, entre esses cordões, haja alguns que sejam sempre puxados; como não nos asseguramos do ruído que se faz de dia em Paris senão pelo silêncio da noite, haverá em nós sensações que, frequentemente, escapar-nos-ão pela sua continuidade: tal será a da nossa existência. A alma só se apercebe dela por um voltar-se para si mesma, sobretudo no estado de saúde. Quando estamos bem, nenhuma parte do corpo nos instrui sobre sua existência; se

*Carta sobre os surdos-mudos*

alguma nos alerta sobre ela pela dor, é infalivelmente porque nos sentimos mal; se é pelo prazer, nem sempre é certo de que nos sintamos melhor.

Só de mim dependeria levar avante minha comparação, e acrescentar que os sons expressos pelo timbre se extinguem de pronto; que têm duração; que formam acordes com aqueles que o seguem; que a figurinha atenta os compara e os julga consonantes ou dissonantes; que a memória atual, aquela da qual precisamos para julgar e discorrer, consiste na ressonância do timbre, o juízo na formação dos acordes, e o discurso na sua sucessão; que não é sem razão que se diz, de certos cérebros, que são mal timbrados. E aquela lei de ligação tão necessária nas longas frases harmônicas, aquela lei que pede que haja, entre um acorde e o seguinte, ao menos um som em comum, então ficaria sem aplicação aqui? Esse som em comum, na sua opinião, acaso não se assemelha muito ao termo médio do silogismo? E que será essa analogia que se observa entre certas almas senão um jogo da natureza que se divertiu em colocar dois timbres – um na quinta e outro na terça de um terceiro? Com a fecundidade de minha comparação e a loucura de Pitágoras, demonstrar-lhe-ia a sabedoria daquela lei dos citas, que ordenava ter um amigo, permitia dois e proibia três. Entre os citas, dir-lhe-ia, uma cabeça era mal timbrada, se o som principal que exprimia não tinha na sociedade nenhum harmônico; três amigos formavam o acorde perfeito; um quarto amigo acrescido, ou teria sido apenas a réplica de um daqueles três, ou ele teria tornado o acorde dissonante.

Mas deixo essa linguagem figurada, que eu empregaria, quando muito, para recrear e fixar o espírito volúvel de uma criança, e volto ao tom da filosofia, *que necessita de razões e não de comparações*.

Examinando os discursos que a sensação da fome ou da sede enviavam em diferentes circunstâncias, muitas vezes se teve a ocasião de perceber que as mesmas expressões se empregavam para exprimir percepções do espírito que não eram as mesmas: e inventaram-se os signos *vous, lui, moi, le* [vós, ele, eu, o], e uma infinidade de outros que particularizam. O estado da alma num instante indivisível foi representado por uma multidão de termos que a precisão da linguagem exigiu e que distribuíram uma impressão total em partes: e porque esses termos se pronunciavam sucessivamente, e só se ouviam à medida que se pronunciavam, fomos levados a acreditar que as afecções da alma que representavam tinham a mesma sucessão; mas não é nada disso. Uma coisa é o estado de nossa alma; outra coisa são as contas que dele prestamos, quer a nós, quer aos outros; uma coisa é a sensação total e instantânea desse estado; outra coisa, a atenção sucessiva e detalhada que somos forçados a dar-lhe para analisá-la, manifestá-la e fazermo-nos entender. Nossa alma é um quadro móvel segundo o qual pintamos sem cessar: empregamos muito tempo a exprimi-lo com fidelidade; mas ele existe inteiro e a um só tempo: o espírito não caminha a passos contados como a expressão. O pincel só executa com o correr do tempo o que o olho do pintor abarca de um só golpe. A formação das línguas exigia a decomposição; porém, *ver* um objeto, *julgá-lo* belo, experimentar uma sensação agradável, *desejar* a posse, é o estado da alma num mesmo instante; e o que o grego e o latim exprimem por uma só palavra. Pronunciada essa palavra, tudo está dito, tudo está entendido. Ah!, sr., como nosso entendimento é modificado pelos signos; e como a mais viva dicção é ainda uma fria cópia do que aí se passa:

*Carta sobre os surdos-mudos*

*Les ronces dégoutantes*
*Portent de ses cheveux les dépouilles sanglantes.*[27]

Eis uma das pinturas mais semelhantes que temos. Entretanto, como ainda está longe do que imagino!

Exorto-o, sr., a pesar essas coisas, se quiser sentir o quanto a questão das inversões é complicada. Quanto a mim, que me ocupo antes em formar nuvens do que em dissipá-las, e em suspender os juízos do que em julgar, demonstrarei ainda ao sr. que, se o paradoxo que acabo de aventar não é verdadeiro, se não temos várias percepções ao mesmo tempo, é impossível raciocinar e discorrer. Pois discorrer ou raciocinar é comparar duas ou várias ideias. Ora, como comparar ideias que não estão presentes ao espírito ao mesmo tempo? O sr. não pode me negar que tenhamos ao mesmo tempo várias sensações, como as da cor de um corpo e de sua figura; ora, não vejo que privilégio as sensações teriam sobre as ideias abstratas e intelectuais. Mas a memória, na sua opinião, não supõe num juízo duas ideias ao mesmo tempo presentes ao espírito? A ideia que se tem atualmente, e a lembrança daquela que se teve? Quanto a mim, penso que é por essa razão que o juízo e a grande memória caminham juntos tão raramente. Uma ampla memória supõe uma grande facilidade em ter ao mesmo tempo ou rapidamente várias ideias diferentes; e essa facilidade prejudica a comparação tranquila de um pequeno número de ideias que o espírito deve, por assim dizer, encarar fixamente. Uma cabeça mobiliada com muitas coisas

---

27 Racine, *Fedra*, quinto ato, cena VI, versos 1557 e 1558: "Em gotejantes sarças/ Madeixas de cabelo em rubro sangue esparsas". Trad. Jenny Klabin Segall. São Paulo: Martins Fontes, 2005, p.79.

disparatadas é bastante semelhante a uma biblioteca de volumes desemparelhados. É uma dessas compilações germânicas, guarnecidas sem razão e sem gosto, de hebraico, de árabe, de grego e de latim, que já são gordíssimas, que engordam ainda, que engordarão sempre, e que só serão piores. É um desses magazines cheios de análises e juízos de obras que o analista não entendeu; magazines de mercadorias misturadas, das quais apenas o registro lhe pertence: é um comentário em que se acha muitas vezes o que não se busca, raramente o que se busca, e quase sempre extraviadas na multidão das coisas inúteis aquelas de que se precisa.

Uma consequência do que precede é que não há e talvez mesmo não possa haver inversão no espírito, sobretudo se o objeto da contemplação for abstrato e metafísico; e que, embora o grego diga θέλεις Ὀλύμπια νικῆσαι; κἀγώ, νὴ τοὺς θεούς: κομψὸν γάρ ἐστιν,[28] e o latino *honores plurimum valent apud prudentes, si sibi collatos intelligant*,[29] a sintaxe francesa e o entendimento embaraçado pela sintaxe, grega ou latina, dizem sem inversão: *Vous voudriez bien être de l'Académie française? et moi aussi, car c'est un honneur, et le sage peut faire cas d'un honneur qu'il sent qu'il mérite.*[30] Logo, não desejaria aventar de forma geral e sem distinção que os latinos de modo algum invertem e que somos nós quem invertemos. Eu só diria que, em vez de comparar nossa frase à ordem didática das ideias,

---

28  Epiteto, *Manual*, XXIX.2, p.47: "Queres vencer nos Jogos Olímpicos? Também eu, pelos deuses! Pois é bonito". Diderot inverte os termos da primeira frase.

29  Fragmento atribuído a Demócrito, incluído em *Fragmenta philosophorum græcorum*, (Paris, 1860), p.355.

30  "Gostaríeis de fazer parte da Academia Francesa? Eu também, pois é uma honra; e o sábio pode apreciar uma honra da qual se sente merecedor."

se a compararmos à ordem de invenção das palavras, à linguagem dos gestos, que foi gradativamente substituída pela linguagem oratória, parece que nós invertemos, e que, de todos os povos da Terra, não há nenhum que tenha tantas inversões quanto nós; mas que, se compararmos nossa construção à das percepções do espírito sujeito à sintaxe grega ou latina, como é natural fazer, é quase impossível ter menos inversões do que nós. Dizemos as coisas em francês como o espírito é forçado a considerá-las em qualquer língua que escreva. Cícero seguiu, por assim dizer, a sintaxe francesa, antes de obedecer à sintaxe latina.

Donde se segue, segundo me parece, que a comunicação do pensamento sendo o objeto principal da linguagem, nossa língua é de todas as línguas a mais castigada, a mais exata e a mais estimável; numa palavra, a que menos reteve aquelas negligências que eu chamaria com prazer de vestígios do *balbucio* dos primeiros tempos. Ou, para continuar o paralelo de maneira imparcial, eu diria que, por não termos de modo algum inversões, ganhamos nitidez, clareza, precisão, qualidades essenciais ao discurso; e que perdemos calor, eloquência e energia. Acrescentaria com prazer que a marcha didática e regrada, à qual nossa língua está sujeita, torna-a mais própria para as ciências; e que, pelos torneios e inversões que o grego, o latim, o italiano e o inglês se permitem, essas línguas são mais vantajosas para as letras. Que podemos melhor que nenhum outro povo fazer falar o espírito, e que o bom senso escolheria a língua francesa; mas que a imaginação e as paixões dariam preferência às línguas antigas e àquelas de nossos vizinhos. Que é preciso falar francês em sociedade e nas escolas de filosofia; e grego, latim e inglês, nos púlpitos e nos teatros: que nossa língua será a da verdade, se algum dia ela voltar à Terra; e que a grega, a latina e as outras serão as línguas da fábula e da mentira. O francês é feito para instruir, esclarecer e convencer; o grego, o latim, o italiano e o inglês, para persuadir, comover e enganar; fale grego, latim e italiano com o povo, mas fale francês com o sábio.

Outra desvantagem das línguas com inversões é exigir, quer do leitor, quer do ouvinte, contenção e memória. Numa frase latina ou grega um pouco longa, quantos casos, regimes, terminações a combinar! Quase nada se entende antes de se chegar ao fim. O francês não causa essa fadiga. A gente o compreende à medida que ele é falado. As ideias se apresentam em nosso discurso segundo a ordem que o espírito teve de seguir, quer em grego, quer em latim, para satisfazer às regras da sintaxe. La Bruyère o cansará menos com o tempo do que Tito Lívio. Entretanto, um é um moralista profundo, o outro um historiador claro. Mas este historiador encaixa tão bem as suas frases que o espírito – continuamente ocupado em desencaixá-las umas de dentro das outras, e a restituí-las numa ordem didática e luminosa – cansa-se desse pequeno trabalho, como o braço mais forte, de um leve peso que é preciso carregar sempre. Assim, tudo bem considerado, nossa língua *pedestre*[31] tem sobre as outras a vantagem do útil sobre o agradável.

Mas uma das coisas que mais prejudicam a ordem natural das ideias em nossa língua e nas línguas antigas é essa harmonia do estilo à qual sacrificamos frequentemente todo o resto. Pois é preciso distinguir em todas as línguas três estados pelos quais passaram sucessivamente ao sair daquele em que eram apenas uma mescla confusa de gritos e gestos; mescla que se poderia

---

31 "Língua pedestre" é latinismo que amiúde se empregava pejorativamente, sobretudo quando a expressão se referia à prosa.

Carta sobre os surdos-mudos

chamar pelo nome de linguagem animal. Esses três estados são o estado de *nascimento*, o de *formação* e o estado de *perfeição*. A língua nascente era um composto de palavras e de gestos em que os adjetivos sem gênero nem caso e os verbos sem conjugações nem regimes conservavam em toda parte a mesma terminação; na língua formada, havia palavras, casos, gêneros, conjugações, regimes, numa palavra, os signos oratórios necessários para tudo exprimir, mas só havia isso. Na língua aperfeiçoada, desejou-se mais harmonia, pois se acreditou que não seria inútil adular o ouvido falando ao espírito. Porém, como muitas vezes prefere-se o acessório ao principal, muitas vezes também se inverteu a ordem das ideias para não causar prejuízo à harmonia. É o que Cícero fez em parte no período a favor de Marcellus. Pois a primeira ideia que deve ter tocado seus ouvintes, após a de seu longo silêncio, é a razão que o obrigou a isso; ele devia então dizer: *Diuturni silentii, quo, non timore aliquo, sed partim dolore, partim verecundia, eram his temporibus usus, finem hodiernus dies attulit.*[32] Compare essa frase com a sua; o sr. não encontrará outra razão de preferência que a da harmonia. Do mesmo modo, numa outra frase desse grande orador, *Mors, terrorque civium ac sociorum Romanorum*,[33] é evidente que a ordem natural pedia *terror morsque*. Cito apenas esse exemplo entre uma infinidade de outros.

---

32 "Do longo silêncio, que, não em razão de algum temor, mas em parte por causa da dor, em parte por causa da vergonha, eu vinha adotando nesses tempos, o dia de hoje trouxe o fim." A ordem do texto original de Cícero difere daquela proposta por Diderot.

33 Cícero, *Contra Verres*, segunda ação, livro V, seção 118: "A morte e o pavor dos cidadãos e dos aliados de Roma". No texto ciceroniano, a ordem das palavras é diferente da citada por Diderot.

*Denis Diderot*

Essa observação pode conduzir-nos a examinar se é permitido sacrificar às vezes a ordem natural à harmonia. Parece-me que só se deve usar dessa licença quando as ideias que se invertem são tão próximas entre si que se apresentam quase ao mesmo tempo ao ouvido e ao espírito, mais ou menos como se inverte o baixo [ou som] fundamental[34] no baixo-contínuo para torná-lo mais cantante; embora o baixo-contínuo seja verdadeiramente agradável apenas na medida em que o ouvido nele distingue a progressão natural do baixo fundamental que o sugeriu. Não vá imaginar por essa comparação que seja um grande músico aquele que lhe escreve: há apenas dois dias começo a sê-lo; mas o sr. sabe como a gente gosta de falar daquilo que acabou de aprender.

Poder-se-iam encontrar, parece-me, várias outras relações entre a harmonia do estilo e a harmonia musical. No estilo, por exemplo, quando se trata de pintar grandes coisas ou coisas surpreendentes, é preciso às vezes, se não sacrificar, pelo menos alterar a harmonia e dizer:

*Magnum Jovis incrementum.*[35]
*Nec brac[c]hia longo*
*Margine terrarum porrexerat Amphitrite.*[36]

---

34 Ver Rameau, "Génération harmonique ou Traité de musique théorique et pratique", em Rameau. *Intégrale de l'œuvre théorique*, v.II, Éd. B. Porot et J. Saint-Arroman. Bressuire: Éditions Fuzeau Classique, 2008, p.75.

35 Virgílio, *Bucólicas*, égloga IV, verso 49, p.90-1: "Cara deum soboles, magnum Jovis incrementum!" [De Jove aumento, ó cara diva prole]. Trad. Manuel Odorico Mendes. São Paulo: Ateliê Editorial, p.90-1.

36 Ovídio, *Metamorfoses*, livro I, versos 13-14: "Nem pelas grandes margens Anfitrite/ Os espumosos braços dilatava". Trad. Bocage. São Paulo: Hedra, 2007, p.39.

*Carta sobre os surdos-mudos*

*Ferte citi ferrum, date tela, scandite [ascendite] muros.*[37]
*Vita quoque omnis*
*Omnibus e nervis atque ossibus exsolvatur.*[38]

*Longo sed proximus intervallo.*[39]

Assim, em música, é preciso às vezes desorientar o ouvido para surpreender e contentar a imaginação. Poder-se-ia observar também que, enquanto as licenças no arranjo das palavras só são permitidas em prol da harmonia de estilo, as licenças na harmonia musical não o são, ao contrário, com frequência senão para fazer nascer mais exatamente e na ordem mais natural as ideias que o músico quer excitar.

É preciso distinguir em todo discurso em geral o pensamento e a expressão; se o pensamento é exprimido com clareza, pureza e precisão, é o bastante para a conversação familiar: junte a essas qualidades a escolha dos termos, como o número e a harmonia do período, e o sr. terá o estilo que convém à cátedra; mas estará ainda longe da poesia, sobretudo da poesia que a ode e o poema épico exibem em suas descrições. Passa então pelo discurso do poeta um espírito que move e vivifica todas as suas sílabas. O que é esse espírito? Senti por vezes sua presença; mas tudo o que sei é que ele faz as coisas serem ditas e representadas ao mesmo tempo; que ao mesmo tempo que o entendimento as

---

37 Virgílio, *Eneida*, livro IX, verso 37, op. cit., p.296: "Trazei logo espada, arranjai dardos, subi nos muros".

38 Lucrécio, *Sobre a natureza das coisas*, livro I, versos 810-1: "Toda a vida nos deixa,/ dissolvida de todos os nervos e todos os ossos". Trad. Rodrigo Tadeu Gonçalves. Belo Horizonte: Autêntica, 2022, p.71.

39 Virgílio, *Eneida*, livro V, verso 320, op. cit., p.189: "Mas mais perto em longo intervalo".

capta, a alma se comove com elas, a imaginação as vê e o ouvido as ouve; e que o discurso já não é somente um encadeamento de termos enérgicos que expõem o pensamento com força e nobreza, mas que é ainda um tecido de hieróglifos amontoados uns sobre os outros que o pintam. Poderia dizer nesse sentido que toda poesia é emblemática.

Mas a inteligência do emblema poético não se apresenta a todo mundo: deve-se estar quase em condições de criá-lo para senti-lo intensamente. O poeta diz:

> *Et des fleuves français les eaux ensanglantées*
> *Ne portaient que des morts aux mers épouvantées.*[40]

Porém, quem é que, na primeira sílaba de *portaient* [levavam], vê as águas cheias de cadáveres e o curso dos rios como que bloqueado por esse dique? Quem é que, na segunda sílaba da mesma palavra, vê a massa das águas e dos cadáveres engolfar-se e descer em direção aos mares? O pavor dos mares mostra-se a todo leitor em *épouvantées* [atemorizantes]; contudo, a pronúncia enfática da terceira sílaba revela-me, ainda, a sua vasta extensão. O poeta diz:

> *Soupire, étend les bras, ferme l'œil et s'endort.*[41]

Todos exclamam – "como isto é belo!"; contudo, aquele que confirma com os dedos o número de sílabas de um verso, acaso sentirá quão venturoso é para um poeta a quem é dado pintar o

---

40 Voltaire, *La Henriade*, canto II, versos 356-7: "E dos rios franceses as águas cheias de sangue/ Só levavam mortos aos mares atemorizantes".

41 Boileau, *Le Lutrin, poème héroï-comique*: "Suspira, estende os braços, fecha o olho e adormece".

*soupir* [suspiro] o fato de dispor, em sua língua, de uma palavra cuja primeira sílaba é surda, a segunda ligeira e a última muda? Lê-se *étend les bras* [estende os braços], porém mal se suspeita que o comprimento e a lassidão dos braços encontram-se representados nesse monossílabo plural; esses braços estendidos recaem tão suavemente com o primeiro hemistíquio do verso que disso quase ninguém se apercebe, muito menos do movimento súbito da pálpebra em *ferme l'œil* [fecha o olho], e da passagem imperceptível da vigília ao sono na queda do segundo hemistíquio *ferme l'œil et s'endort* [fecha o olho e adormece].

O homem de gosto sem dúvida perceberá que o poeta tem quatro ações para pintar e que seu verso se divide em quatro membros; que as duas últimas ações avizinham-se tanto que mal se discernem quaisquer intervalos entre elas; e que, dos quatro membros do verso, os dois últimos, unidos por uma conjunção e pela velocidade da prosódia do penúltimo, também são quase indivisíveis; que cada uma dessas ações empresta da duração total do verso a quantidade que lhe convém por sua natureza; e que, ao encerrar as quatro em um único verso, o poeta atendeu a prontidão com a qual elas se sucedem habitualmente. Eis, sr., um desses problemas que o gênio poético resolve sem os propor a si próprio. Mas acaso essa solução é acessível a todos os leitores? Não, sr., não; também espero que aqueles que não apreenderam por si mesmos esses hieróglifos ao lerem o verso de Despréaux (e eles serão numerosos) rir-se-ão do meu comentário, lembrar-se-ão daquele de *A obra-prima de um desconhecido*[42] e tratar-me-ão de visionário.

---

42 Dr. Chrisostome Matanasius, *Le Chef-d'œuvre d'un inconnu, poème heureusement découvert et mis au jour avec des remarques savantes et recherchées.*

Como todo mundo, eu acreditava que um poeta podia ser traduzido por outro: é um erro, e eis que me encontro desenganado. Exprimir-se-á o pensamento; talvez até se tenha a sorte de encontrar o equivalente de uma expressão; Homero terá dito: ἔκλαγξαν δ' ἄρ' ὀϊστοί,[43] e encontrar-se-á *tela sonant humeris*;[44] é alguma coisa, mas não é tudo. O emblema perspicaz, o hieróglifo sutil que predomina em uma descrição inteira e que depende da distribuição das longas e das breves nas línguas de quantidade marcada e da distribuição das vogais entre as consoantes nas palavras de toda língua: tudo isso desaparece necessariamente na melhor tradução.

Virgílio diz de Euríalo ferido com um golpe mortal:

> *Pulchrosque per artus*
> *It cruor, inque humeros cervix collapsa recumbit,*
> *Purpureus veluti cum flos, succisus aratro,*
> *Languescit moriens; lassove papavera collo*
> *Demisere caput, pluvia cum forte gravantur.*[45]

Eu não ficaria muito mais espantado de ver esses versos engendrarem-se por algum jorro fortuito de caracteres do que ver as suas belezas hieroglíficas reunidas em uma tradução: a imagem

---

43  Homero, *Ilíada*, canto I, verso 46: "*Tintinam flechas* [sobre os ombros do colérico]". Trad. Trajano Vieira. São Paulo: Editora 34, 2020, p.17.

44  Virgílio, *Eneida*, livro IV, verso 149, op. cit., p.157: "Aos ombros soam setas".

45  Virgílio, *Eneida*, livro IX, versos 433-7, op. cit., p.308: "Pelos membros belos/ passa o sangue, e a nuca, tombada, inclina-se nos ombros:/ qual purpurina a flor, cortada embaixo pelo arado,/ ao morrer se amolece, ou papoulas, caule já bambo,/ a corola, baixam se acaso com a chuva se vergam".

# Carta sobre os surdos-mudos

de um jorro de sangue, *it cruor*; aquela da cabeça de um moribundo que pende sobre seu ombro, *cervix collapsa recumbit*; o ruído de uma foice[46] [*faux*] que corta, *succisus*; o desfalecimento de *languescit moriens*; a flexibilidade do caule da papoula *lassove papavera collo*; o *demisere caput*, e o *gravantur* que remata o quadro. *Demisere* é tão flexível quanto o caule de uma flor; *gravantur* pesa tanto quanto seu cálice carregado de água da chuva. *Collapsa* indica esforço e queda. O mesmo hieróglifo duplo se encontra em *papavera*. As duas primeiras sílabas mantêm na vertical a cabeça da papoula, e as duas últimas a inclinam. Pois o sr. há de convir que todas essas imagens estão compreendidas nos quatro versos de Virgílio; o sr. que me pareceu por vezes tão comovido com a feliz paródia que se lê em Petrônio do *lassove papavera collo* de Virgílio, aplicada à fraqueza de Ascilto ao se afastar dos braços de Circe. O sr. não teria sido tão agradavelmente afetado por essa aplicação se não tivesse reconhecido no *lasso papavera collo* uma pintura fiel do infortúnio de Ascilto.

Sobre a análise da passagem de Virgílio, acreditar-se-ia sem dificuldade que, para mim, ela não deixa nada a desejar, e que depois de nela ter observado talvez mais belezas do que aí existem, mas certamente mais do que o poeta quis aí colocar, minha imaginação e meu gosto devem estar plenamente satisfeitos. De jeito nenhum, sr.; arriscar-me-ei a tornar-me, a um só tempo, duplamente ridículo: por enxergar belezas que não existem e emendar defeitos que tampouco existem. Devo dizê-lo ao sr.? Acho o *gravantur* algo demasiado pesado para a cabeça delicada de uma papoula, e o *aratro* que segue o *succisus* não me

---

46 O termo "aratrum" não significa "foice" [faux], porém observar-se-á mais adiante por que o traduzo assim. (Nota de Diderot)

parece rematar a pintura hieroglífica. Estou quase certo de que Homero teria colocado no final de seu verso uma palavra que, para o meu ouvido, continuaria o ruído de um instrumento que corta, ou pintaria em minha imaginação a suave queda do topo de uma flor.

É o conhecimento, ou antes o sentimento vivo dessas expressões hieroglíficas da poesia, perdidas pelos leitores comuns, que desencoraja os imitadores de gênio. Eis o que levava Virgílio a dizer que subtrair um verso de Homero era tão difícil quanto arrancar um prego da clava de Hércules. Quanto mais repleto de hieróglifos encontra-se um poeta, tanto mais difícil de traduzir ele se torna; e os versos de Homero pululam deles. Desejo tomar como exemplo só aqueles em que Júpiter, de sobrancelhas de ébano, confirma a Tétis, de ombros de marfim, a promessa de vingar a injúria feita a seu filho.

> ἦ καὶ κυανέῃσιν ἐπ᾽ ὀφρύσι νεῦσε Κρονίων:
> ἀμβρόσιαι δ᾽ ἄρα χαῖται ἐπερρώσαντο ἄνακτος
> κρατὸς ἀπ᾽ ἀθανάτοιο: μέγαν δ᾽ ἐλέλιξεν Ὄλυμπον.[47]

Quantas imagens nesses três versos! É possível ver o franzimento das sobrancelhas de Júpiter em ἐπ᾽ ὀφρύσι, em νεῦσε Κρονίων, e, sobretudo, na feliz reduplicação do K, em ἦ καὶ κυανέῃσιν; a descida e as ondas de seus cabelos em ἐπερρώσαντο ἄνακτος; a cabeça imortal do deus majestosamente erguida pela elisão de ἀπό, em κρατὸς ἀπ᾽ ἀθανάτοιο; o abalo do Olimpo nas

---

47 *Ilíada*, canto I, versos 528-30, op. cit., p.45: "Falou, movendo a sobrancelha negriazul./ Seu cabelo ambrosíaco ondulou na testa/ imortal, percutindo o tom Olimpo adentro".

*Carta sobre os surdos-mudos*

duas primeiras sílabas de ἐλέλιξεν; a massa e o ruído do Olimpo nas últimas [sílabas] de μέγαν e de ἐλέλιξεν, e na totalidade da última palavra, em que o *Olimpo abalado pende com o verso*, Ὄλυμπον.

Este verso, que se encontrou na ponta da minha pluma, exprime, na verdade sem força, dois hieróglifos: um de Virgílio, outro de Homero; um de abalo, e o outro, de queda.

> *Où l'Olympe ébranlé retombe avec le vers.*[48]
>
> Homero, ἐλέλιξεν Ὄλυμπον;
>
> Virgílio, *Procumbit humi bos.*[49]

É o retorno do λ em ἐλέλιξεν Ὄλυμπον que evoca a ideia do abalo. O mesmo retorno do *L* ocorre em *où l'Olympe ébranlé* [onde o Olimpo abalado], porém, com a diferença de que, por estarem aí os *L* mais afastados entre si do que em Ὄλυμπον, o abalo é menos rápido e menos análogo ao movimento das sobrancelhas. *Retombe avec le vers* [pende com o verso] traduziria bastante bem o *procumbit humi bos*, sem a pronúncia de *vers* [verso], que é menos surda e menos enfática que aquela de *bos*, a qual, aliás, separa-se muito melhor de *humi* do que *vers* se separa do artigo *le* [o]; o que torna o monossílabo de Virgílio mais isolado do que o *meu*; e a queda de seu *bos* mais completa e mais pesada do que a de meu *vers*.

Eis uma reflexão que aqui não será mais descabida do que a arenga do imperador do México, no capítulo intitulado "Dos

---

48 "Onde o Olimpo abalado pende com o verso."

49 Virgílio, *Eneida*, livro V, verso 481, op. cit., p.194: "Na terra, à frente, o boi cai".

coches", de Montaigne:[50] manifestava-se uma estranha veneração para com os antigos, e um grande pavor a Despréaux, quando se pensou em questionar se seria preciso entender os dois versos seguintes de Homero como Longino os entendeu e como Boileau e La Motte os traduziram.

*Jupiter pater, sed tu libera a caligine filios Achivorum*
Ζεῦ πάτερ, ἀλλὰ σὺ ῥῦσαι ὑπ' ἠέρος υἷας Ἀχαιῶν,
*Fac serenitatem, daque oculis videre.*
ποίησον δ' αἴθρην, δὸς δ' ὀφθαλμοῖσιν ἰδέσθαι·
*Et in lucem perde nos, quando quidem tibi placuit ita.*
ἐν δὲ φάει καὶ ὄλεσσον, ἐπεί νύ τοι εὔαδεν οὕτως·[51]
*Grand Dieu, chasse la nuit qui nous couvre les yeux,*
*Et combats contre nous à la clarté des cieux.*[52]

(Boileau)

Aqui estão, exclama Boileau com o rétor Longino, os verdadeiros sentimentos de um guerreiro. Ele não clama pela vida: um herói era incapaz de semelhante baixeza; porém, como não vê chance de mostrar sua coragem em meio à obscuridade, ele se encoleriza por não poder combater; logo, roga prontamente que o dia apareça para ocasionar, pelo menos, um fim digno de sua grande valentia, quando deveria combater o próprio Júpiter.

---

50 Montaigne, *Ensaios*, livro III, cap.VI. Trad. Sérgio Milliet. São Paulo, Editora 34, 2016.

51 *Ilíada*, canto XVII, versos 645-7, op. cit., p.677.

52 Longino, *Traité du Sublime*, conforme a tradução francesa de Boileau, cap.7, §10: "Grande Deus, rechaça a noite que nos cobre o olho, e combate contra nós à luz do firmamento" [ver Longino, *Do sublime*, Trad. Filomena Hirata. São Paulo: Martins Fontes, 1996, cap. IX, § 10, p. 57].

*Carta sobre os surdos-mudos*

*Grand Dieu, rends-nous le jour, et combats contre nous!*[53]

(La Motte)

Ei, senhores! – eu responderia a Longino e a Boileau –, não se trata dos sentimentos que um guerreiro deve ter, nem do discurso que ele deve sustentar na circunstância em que se encontra Ájax (aparentemente, Homero sabia essas coisas tão bem quanto vós), mas sim de traduzir fielmente dois versos de Homero. E se por acaso nesses versos não houvesse nada do que neles o sr. elogia, o que seria dos seus elogios e das suas reflexões? O que se deveria pensar de Longino, de La Motte e de Boileau, se por acaso eles tivessem suposto ímpias fanfarrices onde só há uma prece sublime e patética? E foi exatamente isso que eles alcançaram. Que se leiam e que se releiam os dois versos de Homero quantas vezes se quiser, e neles não se verá nada além de *Pai dos deuses e dos homens* – Ζεῦ πάτερ –, *rechaça a noite que nos cobre os olhos; e, porquanto resolveste nos arruinar, pelo menos arruína-nos à luz do firmamento.*

*Faudra-t-il sans combats terminer sa carrière?*
*Grand Dieu, chassez la nuit qui nous couvre les yeux,*
*Et que nous périssions à la clarté des cieux.*[54]

---

53 "Grande Deus, dá-nos o dia e combate contra nós!" Trata-se de verso que se encontra no livro VIII da tradução francesa (versão abreviada) da *Ilíada* por Antoine de La Motte (1714).

54 "Será preciso encerrar a carreira sem combates? Grande Deus, rechaçai a noite que nos cobre os olhos, e que nós pereçamos à luz do firmamento."

Se esta tradução não exprime o patético dos versos de Homero, pelo menos nela não se encontra mais o contrassenso daquelas de La Motte e de Boileau.

Aí não há nenhum desafio a Júpiter: vê-se apenas um herói disposto a morrer, se essa for a vontade de Júpiter, e que só lhe pede a graça de morrer combatendo: Ζεῦ πάτερ; *Jupiter! Pater!* — acaso não é assim que o filósofo Menipo[55] se dirige a Júpiter?

Nos dias de hoje, em que estamos protegidos contra os hemistíquios do temível Despréaux, e em que o espírito filosófico nos ensinou a ver nas coisas apenas o que aí existe e a louvar apenas o que é verdadeiramente belo; refiro-me a todos os sábios e a todas as pessoas de gosto, ao sr. Voltaire, ao sr. Fontenelle, entre outros, e pergunto-lhes se Despréaux e La Motte não desfiguraram o Ájax de Homero, e se Longino não o julgou apenas mais belo. Sei que homens são Longino, Despréaux e La Motte; reconheço todos esses autores como meus mestres, e não os ataco: é a Homero que ouso defender.

A passagem do juramento de Júpiter e mil outras que eu poderia citar provam suficientemente que não é necessário emprestar belezas a Homero; e aquele trecho do discurso de Ájax prova muito bem que lhas emprestando corre-se o risco de subtrair de Homero as belezas que ele tem. Qualquer que seja o gênio que se tenha, não se diz melhor do que Homero quando ele diz bem. Procuremos entendê-lo, pelo menos, antes de tentarmos ultrapassá-lo. Porém, ele está tão repleto desses hieróglifos poéticos sobre os quais eu falava ao sr. havia pouco, que não é antes de tê-lo lido uma dezena de vezes que alguém

---

55 Filósofo cínico do século III a.C., a quem a *Enciclopédia* faz referência no verbete "Menippée" [Menipeia (sátira)] (v.10, p.334).

*Carta sobre os surdos-mudos*

pode vangloriar-se de ter percebido tudo. Poder-se-ia dizer que Boileau teve a mesma sorte na literatura que Descartes teve na filosofia; e que eles próprios nos ensinaram a constatar os pequenos erros que lhes passaram despercebidos.

Se o sr. perguntar-me em que momento o hieróglifo silábico foi introduzido na linguagem, se é uma propriedade da linguagem nascente, da linguagem formada ou da linguagem aperfeiçoada; responderei que os homens, ao instituir os primeiros elementos de sua língua, apenas observaram, ao que tudo indica, a maior ou menor facilidade que encontraram na conformação dos órgãos da fala para pronunciar certas sílabas em vez de outras, sem consultar a relação que os elementos de suas palavras podiam ter – seja por sua quantidade, seja por seus sons – com as qualidades físicas dos seres que tinham de designar. Uma vez que o som da vogal *A* pronuncia-se com muita facilidade, ele foi o primeiro a ser utilizado; e foi modificado de mil maneiras diferentes antes que se recorresse a outro som. A língua hebraica corrobora essa conjectura. A maioria de suas palavras são apenas modificações da vogal *A*; e essa singularidade da linguagem não contradiz de maneira nenhuma o que a história nos ensina sobre a antiguidade do povo. Se examinarmos o hebraico com atenção, inclinar-nos-emos necessariamente a reconhecê-lo como a linguagem dos primeiros habitantes da Terra. Quanto aos gregos, havia muito tempo que eles falavam; e deviam ter os órgãos da pronúncia muito exercitados quando introduziram em suas palavras a quantidade, a harmonia e a imitação silábica dos movimentos e dos ruídos físicos. Sobre a propensão que se nota nas crianças, quando elas têm de designar um ser cujo nome ignoram, para substituir o nome por uma das qualidades sensíveis do ser, presumo que foi

*151*

ao passar do estado de linguagem nascente ao de linguagem formada que a língua se enriqueceu com a harmonia silábica, e que a harmonia periódica se introduziu nas obras, de forma mais ou menos marcada, à medida que a linguagem avançou do estado de linguagem formada para o estado de linguagem aperfeiçoada.

Pouco importam essas datas, certo é que aquele a quem não foi dada a compreensão das propriedades hieroglíficas das palavras não raro perceberá nos epítetos apenas o material, e estará inclinado a considerá-los inúteis; ele acusará as ideias de serem frouxas, ou as imagens de serem distantes, pois não perceberá a ligação sutil que as une. Ele não verá que, no *it cruor* de Virgílio, o *it* é ao mesmo tempo análogo ao jorro de sangue e ao pequeno movimento das gotas d'água sobre as folhas de uma flor; e ele perderá uma dessas bagatelas que determinam as posições entre os escritores excelentes.

Então a leitura dos poetas mais claros também tem lá sua dificuldade? Sim, sem dúvida; e posso assegurar que há mil vezes mais pessoas em condições de entender um geômetra do que pessoas em condições de entender um poeta, pois há mil pessoas de bom senso para cada homem de gosto, e mil pessoas de gosto para cada uma de gosto refinado.

Escreveram-me que, em um discurso proferido pelo sr. abade de Bernis,[56] no dia da recepção do sr. de Bissy[57] na Academia Francesa, Racine foi acusado de falta de gosto na passagem em que, sobre Hipólito, ele afirmou:

---

56  François-Joachim de Pierre de Bernis (1715-1794), prelado, diplomata e membro da Academia Francesa.

57  Claude de Thiard, conde de Bissy (1721-1810), militar e membro da Academia Francesa.

> *Il suivait, tout pensif, le chemin de Mycènes;*
> *Sa main sur les chevaux laissait flotter les rênes:*
> *Ses superbes coursiers, qu'on voyait autrefois*
> *Pleins d'une ardeur si noble obéir à sa voix,*
> *L'œil morne maintenant et la tête baissée,*
> *Semblaient se conformer à sa triste pensée.*[58]

Se é a descrição em si que o sr. abade de Bernis ataca, como me asseguram, e não o que é fora de propósito, seria difícil oferecer ao sr. uma prova mais recente e decisiva daquilo que acabo de aventar sobre a dificuldade da leitura dos poetas.

Parece-me que, nos versos precedentes, não se percebe nada que não caracterize o desânimo e o tormento.

> *Il suivait, tout pensif, le chemin de Mycènes;*
> *Sa main sur les chevaux laissait flotter les rênes.*

*Les chevaux* [os cavalos] é muito melhor do que *ses chevaux* [seus cavalos]; mas até que ponto a imagem do que eram esses magníficos corcéis amplifica a imagem daquilo que eles se tornaram? A nutação da cabeça de um cavalo que caminha entristecido não é imitada em determinada nutação silábica do verso?

> *L'œil morne maintenant et la tête baissée.*

---

58 *Fedra*, quinto ato, cena VI, op. cit., p.77: "Seguia pensativo a rota de Micenas;/ No dorso dos corcéis flutuava a brida, apenas;/ Soberbos animais, que a gente outrora via/ Seguir com flâmeo ardor a voz do ilustre guia,/ Tristes, ora, inclinada a fronte, a passos lentos,/ Iam, como a espelhar-lhe os tristes pensamentos".

Veja, porém, como o poeta reconduz as circunstâncias a seu herói:

*Ses superbes coursiers, etc.*
*Semblaient se conformer à sa triste pensée.*

A mim, o *semblaient* [pareciam] se apresenta por demais circunspecto para um poeta; pois é certo que os animais que se apegam ao homem são sensíveis às marcas exteriores de sua alegria e de sua tristeza: o elefante se aflige com a morte de seu condutor; o cão junta seus gemidos com os de seu dono, e o cavalo se entristece caso aquele que o guia esteja aflito.

A descrição de Racine encontra-se, portanto, fundamentada na natureza: ela é nobre; é um quadro poético que um pintor imitaria com sucesso. A poesia, a pintura, o bom gosto e a verdade concorrem, portanto, para vingar Racine da crítica do sr. abade de Bernis.

Mas se nos faziam observar no [colégio] Louis-le-Grand todas as belezas dessa passagem da tragédia de Racine, ao mesmo tempo não deixavam de nos advertir que, na boca de Terâmenes, elas encontravam-se deslocadas, e que Teseu teria tido razão de detê-lo e dizer-lhe: "Ei! Deixai aí o carro e os cavalos de meu filho, e falai-me sobre ele". Não é assim, dizia-nos o célebre Porée,[59] que Antíloco anuncia a Aquiles a morte de Pátroclo. Antíloco aproxima-se do herói com lágrimas nos olhos e comunica-lhe em duas palavras a terrível notícia:

---

59 Charles Porée (1676-1741), padre jesuíta e professor de retórica do colégio Louis-le-Grand durante a primeira metade do século XVIII.

δάκρυα θερμὰ χέων, φάτο δ' ἀγγελίην ἀλεγεινήν·
κεῖται Πάτροκλος etc.[60]

"Pátroclo não está mais vivo. Lutam por seu cadáver. Hector está de posse de suas armas." De sublime, nesses dois versos de Homero, há mais do que em toda a pomposa declamação de Racine: "Aquiles, vós não tendes mais amigo, e vossas armas estão perdidas...".[61] Quem não sente, em vista de tais palavras, que Aquiles deve voar para o combate? Um trecho, quando peca contra o decente e o verdadeiro, não é belo na tragédia nem no poema épico. Os detalhes daquele de Racine só seriam convenientes na boca de um poeta que falasse em seu nome e descrevesse a morte de um de seus heróis.

Era assim que o hábil rétor nos instruía. Decerto ele tinha inteligência e gosto; e a respeito dele pode-se dizer que *foi o último dos gregos.*[62] Mas esse Filopêmenes dos retores fazia o que se faz nos dias de hoje: ele enchia suas obras de inteligência e parecia reservar seu gosto para julgar as obras dos outros.

---

60  Homero, *Ilíada*, canto XVIII, versos 17 e 20, op. cit., p.685: "[Quando chegou o nobre filho de Nestor,] *às lágrimas, com a notícia de pesar*; [Pelida, mente ardente, é extremamente amargo o que ora anunciarei. Fosse outra a realidade!] Pátroclo jaz [e, em torno do cadáver nu, lutam. Heitor mantém consigo suas armas]".

61  No original: "Achille, vous n'avez plus d'ami, et vos armes sont perdues...".

62  Plutarco, *Vidas paralelas*, v.2, a respeito de Filopêmenes de Megalópolis (c. 253-182 a.C.), eleito estrategista por seus concidadãos aqueus: "Ao elogiá-lo, um romano chamou-o de o último dos gregos, como se, depois dele, a Grécia não tivesse produzido nenhum grande homem que dela fosse digno". Ver Plutarco. *Vidas paralelas*. 6 vols. Trad. Gilson Cesar Cardoso. São Paulo: Paumape, 1990.

Volto ao sr. abade de Bernis. Acaso ele só terá sustentado que a descrição de Racine estava deslocada? Isso é precisamente o que o padre Porée nos ensinava há trinta ou quarenta anos. Acaso ele terá acusado de mau gosto a passagem que acabo de citar? A ideia é nova; mas será que ela é justa?

De resto, ainda me escreveram que, no discurso do sr. abade de Bernis, há trechos bem meditados, bem expostos e abundantes: acerca disso, o sr. deve saber mais do que eu, porquanto o sr. não perde nenhuma dessas ocasiões em que se espera ouvir coisas belas. Se por acaso não houvesse no discurso do sr. abade de Bernis nada do que nele acabo de condenar, e que a mim tivessem feito um relato infiel sobre ele, isso só provaria ainda mais a utilidade de uma boa *Carta* para uso dos que ouvem e falam.

Onde quer que se produza o hieróglifo acidental, seja num verso, seja num obelisco — obra do mistério neste e, naquele, da imaginação —, para ser entendido ele exigirá uma imaginação ou uma sagacidade pouco comuns. Porém, se é tão difícil entender versos corretamente, quão mais difícil não é fazê-los? Dir-me-ão, talvez, *todo mundo faz versos*; e eu responderei simplesmente: *quase ninguém faz versos*. Como cada arte de imitação tem seus hieróglifos particulares, eu desejaria que algum espírito instruído e delicado pensasse um dia em compará-los.

Comparar as belezas de um poeta com aquelas de outro poeta: é o que já se fez mil vezes. Porém, reunir as belezas comuns entre a poesia, a pintura e a música; mostrar as suas analogias; explicar como o poeta, o pintor e o músico apresentam a mesma imagem; apreender os emblemas fugazes de sua expressão; examinar se não haveria alguma semelhança entre esses emblemas etc.: é o que resta a ser feito, e o que eu aconselho o sr. a incorporar em

*Carta sobre os surdos-mudos*

suas *Belas-artes reduzidas a um mesmo princípio*. No início dessa obra, não deixe também de incluir um capítulo sobre o que é a bela natureza, pois deparo com pessoas que me asseguram que, por falta de uma dessas coisas, o seu tratado permanece sem fundamento, e que, por falta de outra, carece de aplicação. Diga-lhes, sr., de uma vez por todas, como cada arte imita a natureza em um mesmo objeto; e mostre-lhes que é falso o que eles sustentam, a saber: que toda natureza seja bela e que a natureza feia é apenas aquela que não está em seu lugar. Por que — objetam-me — um velho carvalho rachado, torto, desramado, que eu mandaria cortar se ele estivesse à minha porta, é precisamente aquele que o pintor aí plantaria, se ele tivesse de pintar a minha cabana? Esse carvalho é belo? É feio? Quem tem razão, o proprietário ou o pintor? Não há um único objeto de imitação em relação ao qual eles não criem a mesma dificuldade e muitas outras. Além disso, eles querem que eu lhes diga por que uma pintura admirável em um poema tornar-se-ia ridícula em uma tela, por qual singularidade o pintor que intentasse exprimir com seu pincel estes belos versos de Virgílio...

> *Interea magno misceri murmure pontum*
> *Emissamque hiemem sensit Neptunus et imis*
> *Stagna refusa vadis; graviter commotus, et alto*
> *Prospiciens summa placidum caput extulit unda.*[63]

---

63 Virgílio, *Eneida*, livro I, versos 124-7, op. cit., p.77: "Entanto, a se mexer com murmúrio imenso o largo/ e abaixada a chuva sentiu Netuno, e dos fundos/ vaus a água esvaziar, profundamente tocado, e de cima/ olhando ao longe, da superfície expôs o calmo rosto".

Por qual singularidade – objetam – esse pintor poderia apreender o momento impressionante – aquele em que Netuno ergue sua cabeça acima das águas? Por que – ao parecer então o deus apenas um homem degolado – a sua cabeça, no poema tão majestosa, produziria um efeito ruim sobre as ondas? Como é que aquilo que encanta a nossa imaginação desagrada a nossos olhos? Então a bela natureza não é a mesma para o pintor e para o poeta?, continuam eles; e Deus sabe as consequências que tiram dessa declaração. Enquanto espero que o sr. me desvencilhe desses raciocinadores importunos, divertir-me-ei com um único exemplo de imitação da natureza no mesmo objeto, segundo a poesia, a pintura e a música.

Esse objeto de imitação das três artes é uma mulher moribunda. O poeta dirá:

> *Illa, graves oculos conata attollere, rursus*
> *Deficit: infixum stridet sub pectore vulnus.*
> *Ter sese attollens cubitoque [innixa] levavit;*
> *Ter revoluta toro est, oculisque errantibus alto*
> *Quæsivit cœlo lucem, ingemuitque reperta.*[64]

Ou

> *Vita quoque omnis*
> *Omnibus e nervis atque ossibus exsolvatur.*[65]

---

64 Virgílio, *Eneida*, livro IV, versos 688-692, op. cit., p.174: "Aquela, tentando erguer pesados olhos, outra vez/ desmaia: dá chiado a chaga no peito cravada./ Três vezes se apoiando nos cúbitos, se elevou;/ por três, no leito recaiu e, olhos vagos, no alto dos céus/ buscou uma luz e, tendo-a encontrado, gemeu".

65 Lucrécio, *Sobre a natureza das coisas*, livro I, versos 810-1.

*Figura 1: Exemplo: fragmento musical anônimo*

O músico[66] começará pela execução de um intervalo de semitom descendente (*a*): *illa, graves oculos conata attollere, rursus deficit*; em seguida, fará um movimento ascendente com um intervalo de falsa-quinta;[67] e, após uma pausa, com o intervalo de trítono, ainda mais doloroso (*b*), *ter sese attollens*, percorrerá um intervalinho de semitom ascendente (*c*): *oculisque errantibus alto quæsivit cælo lucem*. Esse intervalinho ascendente será o raio de luz. Era o último esforço da moribunda; após o que ela continuará declinando sempre por graus conjuntos (*d*): *revoluta toro est*. Ela expirará, enfim, e extinguir-se-á com um intervalo de meio-tom (*e*): *vita quoque omnis, omnibus e nervis atque ossibus exsolvatur*. Lucrécio

---

66 Ver a prancha [Figura I]. (Nota de Diderot)
67 "Fausse-quinte", no original. Atualmente, em francês, o intervalo outrora chamado de *fausse-quinte* passou a ser conhecido exatamente pelo termo que o verbete indica, ou seja, *quinte diminuée* (em português, intervalo de quinta diminuta), e o que antes era chamado de *quinte superflue*, hoje é denominado *quinte augmentée* (intervalo de quinta aumentada).

pinta a resolução das forças com a lentidão de dois espondeus: *exsolvatur*; e o músico a exprimirá com duas mínimas em graus conjuntos (*f*); a cadência sobre a segunda dessas mínimas será uma imitação muito impressionante do movimento vacilante de uma luz que se extingue.

*Figura 2: Hieróglifo da mulher moribunda; gravura sobre cobre (sem indicação de autor), a partir da gravura intitulada* Les effets de la peste *[Os efeitos da peste], de Frans Van Mieris, o Jovem (1689-1763), a qual ilustra a edição holandesa da obra* De rerum natura, *de Lucrécio (ed. Haverkamp, Leiden, 1725).*

Agora percorra com os olhos a expressão do pintor [Figura 2]; nela o sr. reconhecerá por toda parte o *exsolvatur* de Lucrécio: nas pernas, na mão esquerda, no braço direito. O pintor, tendo tão somente um momento, não pôde reunir tantos sintomas mortais quanto o poeta; mas, em contrapartida, eles são muito mais impressionantes. O que o pintor mostra é a coisa mesma; desta, as expressões do músico e do poeta são apenas hieróglifos.

Quando o músico conhece a sua arte, as partes de acompanhamento concorrerão para reforçar a expressão da parte que é própria para ser cantada, ou para adicionar novas ideias que o tema exigia, e que a parte que é própria para ser cantada não pôde exprimir. Além disso, aqui, os primeiros compassos do baixo apresentarão uma harmonia muito lúgubre, que resultará de um acorde de sétima supérflua[68] (*g*) que se introduz como uma exceção às regras usuais, ao que se segue outro acorde dissonante de falsa quinta[69] (*b*). O resto será um encadeamento de sextas e de terças menores [*molles*] (*k*) que caracterizarão o esgotamento das forças e terão como resultado a sua extinção. É o equivalente dos espondeus de Virgílio: *alto quæsivit cælo lucem*.

De resto, esboço aqui o que mãos mais hábeis podem rematar. Não duvido que, entre nossos pintores, poetas e músicos, encontrássemos exemplos — ainda mais análogos uns aos outros e mais impressionantes — do tema que escolhi. Mas deixo ao sr. a responsabilidade de procurá-los e de utilizá-los; ao sr., que deve ser pintor, poeta, filósofo e músico; pois o sr. não teria tentado reduzir as belas-artes a um mesmo princípio se acaso elas não fossem todas quase igualmente conhecidas pelo sr..

Dado que, por vezes, o poeta e o orador sabem tirar proveito da harmonia do estilo, e o músico sempre torna a sua composição mais perfeita quando dela exclui certos acordes e suprime certos intervalos dos acordes que emprega, louvo o cuidado do orador e o trabalho do músico e do poeta, tanto quanto

---

68 Isto é, um acorde com a sétima aumentada, diríamos hoje, dado que, quando aplicado ao intervalo de sétima, o termo "superflue" indicava o intervalo aumentado.

69 Ou seja, um acorde com a quinta diminuta. Ver a nota sobre a *fausse-quinte*.

desaprovo essa pretensa nobreza que fez com que excluíssemos de nossa língua um grande número de expressões enérgicas. Os gregos e os latinos, que não conheciam de modo algum essa falsa delicadeza, diziam em sua língua o que eles queriam e como eles o queriam. Quanto a nós, de tanto refinarmos, empobrecemos a nossa, e, muitas vezes tendo apenas um termo para exprimir uma ideia, preferimos enfraquecer a ideia a deixar de empregar um termo nobre. Que perda — para aqueles entre os nossos escritores que têm a imaginação forte — de tantas palavras que relemos com prazer em Amyot e em Montaigne. De início, elas foram proscritas do belo estilo, pois caíram na boca do povo; em seguida, ao serem rejeitadas pelo próprio povo — que, com o tempo, sempre se torna o macaco dos poderosos —, tornaram-se totalmente obsoletas. Não duvido que, dentro em breve, tenhamos, assim como os chineses, a língua *falada* e a língua *escrita*. Esta será, sr., por assim dizer, minha última reflexão. Avançamos bastante juntos, e sinto que é hora de nos separarmos. Se ainda o detenho por um momento à saída do labirinto no qual o conduzi, é para lembrar-lhe em poucas palavras os desvios.

*Acreditei* que, para conhecer a fundo a natureza das inversões, convinha examinar como se formou a linguagem oratória.

*Inferi* desse exame que: 1º) nossa língua estava cheia de inversões quando comparada com a linguagem animal ou com o primeiro estado da linguagem oratória, o estado em que essa linguagem ainda se encontrava sem caso, sem regime, sem declinações, sem conjugações, numa palavra, sem sintaxe; 2º) se não tivéssemos em nossa língua quase nada do que chamamos de inversão nas línguas antigas, disso seríamos talvez devedores ao peripatetismo moderno, que, ao tornar reais os seres abstratos, lhes atribuíra no discurso o lugar de honra.

*Ao ressaltar* essas primeiras verdades, pensei que, sem remontar à origem da linguagem oratória, poder-se-ia averiguá-la pelo simples estudo da língua dos gestos.

*Propus* duas maneiras de conhecer a língua dos gestos: as experiências com um mudo por convenção e a conversação assídua com um surdo-mudo de nascença.

*A ideia do mudo por convenção,* ou a de tirar a palavra a um homem, a fim de lançar luz sobre a formação da linguagem; essa ideia, digo eu, algum tanto generalizada, levou-me a considerar o homem distribuído em tantos seres distintos e separados quantos são os sentidos que ele possui; e concebi que, se era preciso escutar um ator sem o ver, para bem julgar a sua entonação; era natural olhá-lo sem o ouvir, para bem julgar o seu gesto.

*Quando se tratava da energia do gesto,* citei alguns exemplos impressionantes, que me levaram à consideração de uma espécie de sublime que eu chamo de *sublime de situação.*

*A ordem que deve predominar* nos gestos de um surdo-mudo de nascença, cuja conversação habitual me pareceu preferível às experiências com um mudo por convenção, e a dificuldade que se tem para transmitir certas ideias a esse surdo-mudo, fizeram-me distinguir, entre os signos oratórios, os *primeiros* e os *últimos* instituídos.

*Vi* que os signos que marcavam no discurso as partes indeterminadas da *quantidade,* e sobretudo aquelas do *tempo,* encontravam-se entre os últimos instituídos, e *compreendi* por que certas línguas careciam de vários *tempos,* e por que outras línguas faziam duplo emprego do mesmo *tempo.*

Essa carência de *tempo* em uma língua e esse abuso de *tempos* em outra levaram-me a distinguir, em toda língua em geral, três estados diferentes: o estado de *nascimento,* o de *formação* e o estado de *perfeição.*

*Vi* sob a língua formada a inteligência encadeada na sintaxe e incapaz de fixar entre seus conceitos a ordem que predomina nos períodos gregos e latinos; donde *concluí* que: 1º) qualquer que seja a ordem dos termos em uma língua antiga ou moderna, a inteligência do escritor seguiu a ordem didática da sintaxe francesa; 2º) pelo fato de essa sintaxe ser a mais simples de todas, a língua francesa, nesse ponto e em vários outros, tinha vantagem sobre as línguas antigas.

Fiz mais: *demonstrei*, pela introdução e utilidade do artigo *hic*, *ille* na língua latina e do *le* na língua francesa, e pela necessidade de dispor de várias percepções ao mesmo tempo para formar uma proposição ou um discurso, que, quando a inteligência não fosse subjugada pelas sintaxes grega e latina, a sequência de suas considerações não se desviaria de modo algum do arranjo didático de nossas expressões.

Ao seguir a passagem do estado de língua formada ao estado de língua aperfeiçoada, *encontrei* a harmonia.

*Comparei* a harmonia do estilo com a harmonia musical; e *convenci-me* de que: 1º) nas palavras, a primeira era um efeito da *quantidade* e de certo entrelaçamento das vogais com as consoantes sugerido pelo instinto, e que, no período, ela resultava do arranjo das palavras; 2º) a harmonia silábica e a harmonia periódica engendravam uma espécie de hieróglifo próprio da poesia; e *considerei* esse hieróglifo na análise de três ou quatro trechos dos maiores poetas.

Apoiando-me nessa análise, *acreditei poder assegurar* que era impossível transportar um poeta para outra língua; e que era mais comum entender bem um geômetra do que um poeta.

*Provei*, mediante dois exemplos, a dificuldade de entender bem um poeta. Mediante o exemplo de Longino, de Boileau

*Carta sobre os surdos-mudos*

e de La Motte, que se enganaram quanto a uma passagem de Homero; e mediante o exemplo do sr. abade de Bernis, que me pareceu ter se enganado quanto a uma passagem de Racine.

Depois de ter fixado a data da introdução do hieróglifo silábico em toda e qualquer língua, *notei* que cada arte de imitação tinha seu hieróglifo, e que seria desejável que um escritor instruído e delicado empreendesse a sua comparação.

Nessa passagem, *esforcei-me* por fazê-lo entender que algumas pessoas esperavam do sr. esse trabalho, e que aqueles que leram suas belas-artes reduzidas à imitação da bela natureza imaginavam-se no direito de exigir que o sr. lhes explicasse claramente o que é *a bela natureza*.

Enquanto aguardava que o sr. fizesse a comparação dos hieróglifos da poesia, da pintura e da música, *ousei* tentar fazê-la sobre um mesmo tema.

*A harmonia musical*, que necessariamente fazia parte dessa comparação, reconduziu-me à harmonia oratória. *Afirmei* que os entraves de ambas eram muito mais suportáveis do que não sei qual pretensa delicadeza que, pouco a pouco, tende a empobrecer nossa língua; e o repetia, quando tornei a encontrar-me na passagem onde eu o deixara.

Sobre minha última observação, sr., não pense que me arrependo de ter preferido nossa língua a todas as línguas antigas e à maioria das línguas modernas. Persisto em meu sentimento; e ainda penso que, sobre o grego, o latim, o italiano, o inglês etc., o francês tem a vantagem do útil sobre o agradável.

Objetar-me-ão, talvez, que, se as línguas antigas e aquelas de nossos vizinhos servem melhor ao aprazível, como admito, sabe-se que por elas não se é abandonado nas ocasiões úteis. Mas responderei que, se nossa língua é admirável nas coisas

*165*

*Denis Diderot*

úteis, ela também convém às coisas agradáveis. Acaso haverá algum caráter que ela não tenha adquirido de forma exitosa? Ela é galhofeira em Rabelais, ingênua em La Fontaine e Brantôme,[70] harmoniosa em Malherbe e Fléchier,[71] sublime em Corneille e Bossuet. Do que ela não é capaz em Boileau, Racine, Voltaire e uma multidão de outros escritores em verso e em prosa? Portanto, não nos lamentemos. Se soubermos empregá-la, nossas obras serão tão preciosas para a posteridade quanto as obras dos antigos o são para nós. Nas mãos de um homem comum, o grego, o latim, o inglês, o italiano só produzirão coisas comuns; o francês produzirá milagres sob a pluma de um homem de gênio. Em qualquer língua que seja, a obra que o gênio sustenta não tomba jamais.

---

70 Pierre de Bourdeille, abade e sr. de Brantôme (c.1538-1614), militar, escritor e memorialista francês.
71 Esprit Fléchier (1632-1710), eclesiástico e pregador francês.

# Adendos para servir de esclarecimento a algumas passagens da Carta sobre os surdos-mudos

## O autor da carta precedente ao sr. B., seu livreiro

Nada é mais perigoso, sr., do que fazer a crítica de uma obra que não se leu de modo algum; e ainda mais de uma obra que se conhece apenas por *ouvir dizer*. Tal é precisamente o caso em que me encontro.

Uma pessoa que assistira à última assembleia pública da Academia Francesa assegurou-me que o sr. abade de Bernis condenou, não como simplesmente deslocados, mas como ruins em si mesmos, estes versos do relato de Terâmenes:

> *Ses superbes coursiers, qu'on voyait autrefois*
> *Pleins d'une ardeur si noble obéir à sa voix,*
> *L'œil morne maintenant et la tête baissée,*
> *Semblaient se conformer à sa triste pensée.*

Acreditei, sem a menor intenção de desagradar ao sr. abade de Bernis, que poderia atacar um sentimento que eu tinha

*Denis Diderot*

razão de considerar como sendo o dele. Porém, em minha solidão, dizem-me por todo lado que o abade de Bernis só pretendeu criticar nesses versos de Racine *o fora de propósito*, e não a imagem em si. Acrescentam que, longe de apresentar a sua crítica como nova, ele apenas citou os versos em questão como o exemplo mais conhecido e, por conseguinte, o mais apropriado para convencer alguém da fraqueza que às vezes têm os grandes homens de se deixar levar pelo mau gosto.

Acredito, portanto, sr., que devo declarar publicamente que estou inteiramente de acordo com o sr. abade de Bernis e, por conseguinte, devo renunciar a uma crítica prematura.

Envio-lhe esta retratação que tanto convém a um filósofo que só ama e busca a verdade. Queira acrescentá-la à minha própria carta, a fim de que subsistam ou juntas sejam esquecidas; e, sobretudo, peço-lhe que a envie ao sr. abade Raynal,[72] para que ele possa mencioná-la em seu *Mercure*, e ao sr. abade de Bernis, que eu jamais tive a honra de ver e que me é conhecido apenas pela notoriedade que lhe valeram seu amor pelas letras, seu distinto talento para a poesia, a delicadeza de seu gosto, a moderação de seus costumes e a aprazibilidade de seu comércio. Eis algo sobre o que não terei de me retratar de modo algum, porquanto todo mundo está de acordo. Sou muito sinceramente, sr., seu muito etc.

*V., neste 3 de março de 1751*

---

72 Guillaume-Thomas Raynal (1713-1796), dito abade Raynal, historiador e filósofo, colaborador do *Mercure de France* e autor da *Histoire philosophique des deux Indes* (1770), juntamente com Diderot.

# Advertência a diversos homens

As questões às quais se tentou responder na carta que se segue foram apresentadas pela mesma pessoa a quem ela é endereçada; e ela não é, em Paris, a única mulher em condições de entender as respostas.

## Carta à senhorita ...[73]

Não, senhorita, de modo algum a esqueci. Confesso, entretanto, que o momento de lazer de que eu precisava para organizar minhas ideias atrasou muito. Mas, enfim, ele chegou entre

---

73 A identidade da destinatária da presente carta continua sendo objeto de especulações por parte de renomados especialistas na obra de Diderot. Assim, não se sabe ao certo se a tal senhorita seria a srta. de La Chaux, personagem mencionada pelo próprio Diderot — em *Isto não é um conto* — como a real destinatária da missiva, ou uma pessoa realmente existente (talvez a srta. de Lavau).

o primeiro e o segundo volume da grande obra que me ocupa;[74] e eu o aproveito como quem o faz com um intervalo de bom tempo em dias chuvosos.

A senhorita diz não conceber como poderia ocorrer que, na suposição singular de um homem distribuído em tantas partes pensantes quantos são os nossos sentidos, cada sentido se tornasse geômetra, e que alguma vez se formasse entre os cinco sentidos uma sociedade em que se falaria de tudo e em que só seria possível se entender em geometria. Vou tentar esclarecer esse trecho, pois sempre que a senhorita tiver dificuldade de me entender, devo pensar que é por minha causa.

O olfato voluptuoso não será capaz de se deter em flores; nem o ouvido delicado, ser atingido por sons; nem o olho diligente e rápido, passear por diferentes objetos; nem o paladar inconstante e caprichoso, variar de sabores; nem o tato pesado e material, apoiar-se em sólidos, sem que reste a cada um desses observadores a memória ou a consciência de uma, de duas, três, quatro etc. percepções diferentes, ou aquela da mesma percepção uma, duas, três, quatro vezes reiterada, e, por conseguinte, a noção dos números *um, dois, três, quatro* etc. As experiências frequentes, que nos permitem constatar a existência dos seres ou de suas qualidades sensíveis, conduzem-nos ao mesmo tempo à noção abstrata dos números, e quando o tato, por exemplo, disser: "apanhei dois globos, um cilindro", de duas, uma: ou ele não se fará entender, ou, com a noção de globo e a de cilindro, terá aquela dos números *um* e *dois*, que poderá separar por abstração dos corpos aos quais ele os aplicou, e conceber um objeto

---

74 Trata-se aqui da *Enciclopédia*, cujos volumes I e II foram publicados em 1751 e 1752, respectivamente.

*Carta sobre os surdos-mudos*

de meditação e de cálculos; de cálculos aritméticos, se os símbolos de suas noções numéricas designarem, em conjunto ou separadamente, apenas uma coleção de unidades determinada; de cálculos algébricos, se, mais gerais, cada qual se estender de maneira indeterminada a toda coleção de unidades.

Mas a visão, o olfato e o paladar são capazes dos mesmos progressos científicos. Nossos sentidos, distribuídos em uma tal quantidade de seres pensantes, poderiam, portanto, elevar-se todos às especulações mais sublimes da aritmética e da álgebra, sondar as profundezas da análise, propor-se entre si os problemas mais complicados sobre a natureza das equações e resolvê-los como se fossem um Diofanto.[75] Isso talvez seja o que a ostra faz em sua concha.

Seja como for, segue-se que as matemáticas puras entram em nossa alma por todos os sentidos, e que as noções abstratas deveriam ser absolutamente familiares a nós. Entretanto, como somos incessantemente reconduzidos – por nossas necessidades e nossos prazeres – da esfera das abstrações aos seres reais, é de se presumir que nossos sentidos personificados não travariam uma longa conversação sem reencontrar as qualidades dos seres e a noção abstrata dos números. Logo o olho matizará seu discurso e seus cálculos de cores, e o ouvido dirá dele: "Aí está a loucura que o possui"; o paladar: "É mesmo uma pena!"; o olfato: "Ele entende a análise perfeitamente"; e o tato: "Mas ele é completamente louco quando se debruça sobre suas cores". Isso que eu imagino relativamente ao olho também se aplica aos outros quatro sentidos. Todos eles encontrarão em si mesmos

---

75 Referência a Diofanto de Alexandria, matemático que teria vivido no século III.

algo ridículo: por que nossos sentidos não fariam, separados, o que eles fazem bem, às vezes, juntos?

Mas as noções dos números não serão as únicas que eles terão em comum. O olfato, tornado geômetra e considerando a flor como um centro, encontrará a lei segundo a qual o odor se enfraquece à medida que dela se afasta; e dos outros não há nenhum que não possa se elevar, se não ao cálculo, ao menos à noção das *intensidades* e *remissões*. Poder-se-ia formar um quadro bastante curioso das qualidades sensíveis e das noções abstratas, comuns e particulares a cada um dos sentidos; mas isso não me concerne aqui. Apenas observarei que, quanto mais rico for um sentido, mais noções particulares ele terá e mais extravagante parecerá aos outros. Ele os consideraria como seres limitados; mas, por outro lado, esses seres limitados haveriam de considerá-lo verdadeiramente como um louco. O mais tolo entre eles inevitavelmente acreditaria ser o mais sábio. Um sentido raramente seria contrariado, a não ser em relação àquilo que ele soubesse melhor. Quase sempre seriam quatro contra um, o que deve dar uma boa ideia a respeito dos juízos da multidão. Se, em vez de considerarmos nossos sentidos personificados como uma sociedade de cinco pessoas, a partir deles formarmos um povo, esse povo necessariamente dividir-se-á em cinco seitas: a seita dos olhos, a dos narizes, a seita dos palatos, a dos ouvidos e a seita das mãos. Essas seitas terão todas a mesma origem: a ignorância e o interesse. O espírito de intolerância e de perseguição não tardaria a se insinuar entre eles. Os olhos serão condenados a ir para o hospital Petites-Maisons,[76] como

---

76 "Petites-Maisons." Segundo o *Dicionário da Academia Francesa*, chamavam-se assim os hospitais onde eram internados velhos e loucos.

visionários; os narizes, considerados como imbecis; os palatos, evitados como pessoas insuportáveis por seus caprichos e sua falsa delicadeza; os ouvidos, odiados por sua curiosidade e seu orgulho; e as mãos, desprezadas por seu materialismo; e se algum poder superior auxiliasse as intenções justas e caridosas de cada partido, em um instante toda a nação seria exterminada.

Parece-me que, com a desenvoltura de La Fontaine e o espírito filosófico de La Motte, conceberíamos uma excelente fábula a partir dessas ideias; mas não seria melhor do que aquela de Platão. Platão supõe que estamos todos sentados dentro de uma caverna, com as costas voltadas para a luz, e o rosto, para o fundo; de modo que mal podemos mover a cabeça e nossos olhos se dirigem exclusivamente ao que se passa à nossa frente. Ele imagina entre a luz e nós uma grande muralha, acima da qual aparecem, vão, vêm, avançam, recuam e desaparecem todo tipo de figuras, cujas sombras são projetadas no fundo da caverna.[77] O povo morre sem jamais ter percebido outra coisa a não ser essas sombras. Se ocorre a um homem sensato suspeitar do prestígio; se ele chega a vencer, de tanto se atormentar, o poder que mantinha sua cabeça virada; se ele chega a escalar a muralha e sair da caverna: que se abstenha de abrir a boca, caso regresse, para falar sobre o que ele tiver visto. Bela lição para os filósofos! Permita, senhorita, que dela tire proveito, como se agora fosse um deles, e que eu passe a outros assuntos.

A senhorita me pergunta em seguida como é que temos várias percepções ao mesmo tempo. A senhorita acha difícil concebê-lo, porém concebe mais facilmente que não podemos formar um juízo, ou comparar duas ideias, a menos que uma se

---

77  Ver Platão, *República*, livro VII, 514a *ss*.

encontre na percepção, e a outra, na memória? Repetidas vezes, com a intenção de examinar o que se passava em minha cabeça e *surpreender meu espírito em plena atividade*, mergulhei na mais profunda meditação, retirando-me em mim mesmo com toda a aplicação de que sou capaz; mas esses esforços nada produziram. Pareceu-me que seria preciso estar simultaneamente dentro e fora de mim mesmo, e, ao mesmo tempo, desempenhar o papel de observador e aquele da máquina observada. Porém, ao espírito ocorre o mesmo que ao olho: ele não vê a si mesmo. Só Deus sabe como o silogismo se efetua em nós. Ele é o autor do pêndulo; ele dispôs a alma ou o *movimento* na caixa, e as horas são marcadas em sua presença. Um monstro com duas cabeças encaixadas no mesmo pescoço talvez nos ensinasse alguma novidade. Portanto, é preciso esperar que a natureza, que combina tudo e que traz com os séculos os fenômenos mais extraordinários, nos dê um *dicéfalo* que se contemple a si mesmo e que tenha uma das cabeças que faça observações sobre a outra.

Confesso-lhe que não estou em condições de responder às questões que a senhorita me propõe sobre os surdos-mudos de nascença. Seria preciso recorrer àquele mudo, meu velho amigo, ou — o que seria preferível — consultar o sr. Pereire.[78] Mas as ocupações contínuas que me obsedam não me deixam um tempo livre para isso. Basta um instante para formar um sistema; as experiências exigem tempo. Portanto, deparo-me imediatamente com o embaraço em que a senhorita me coloca quanto ao exemplo que extraí do primeiro livro da *Eneida*.

---

78 Jacob Rodrigues Pereira (1715-1780), espanhol, educador de surdos-mudos e inventor de um "alfabeto manual" conhecido como "dactilologia".

*Carta sobre os surdos-mudos*

Sustento, em minha *Carta*, que o bom momento do poeta nem sempre é o melhor momento do pintor; e essa também é a sua opinião. Mas a senhorita não concebe que essa cabeça de Netuno, que no poema se eleva tão majestosamente acima das ondas, tenha causado um efeito ruim na tela. A senhorita diz: "Admiro a cabeça de Netuno em Virgílio, pois as águas não roubam à minha imaginação o resto da figura; e por que não deveria também admirá-la na tela de Carle,[79] se seu pincel é capaz de dar transparência às ondas?".

Posso, segundo me parece, dar-lhe várias razões para isso. A primeira, que não é a melhor, é que todo corpo que se encontra apenas parcialmente imerso em um fluido desfigura-se por um efeito da refração, que um imitador fiel da natureza é obrigado a reproduzir e que separaria a cabeça de Netuno de seus ombros. A segunda é que, por mais transparência que o pincel consiga dar à água, a imagem dos corpos que nela se encontram imersos é sempre muito enfraquecida. Assim, ainda que toda a atenção do espectador se concentre na cabeça de Netuno, o deus não deixaria de parecer degolado. Mas vou mais longe. Ao supor que um pintor possa sem consequência negligenciar o efeito da refração e que seu pincel consiga reproduzir toda a limpidez natural das águas, creio que seu quadro continuaria sendo defeituoso, se ele escolhesse o momento em que Netuno eleva a sua cabeça acima das ondas. Ele infringiria uma regra que os grandes mestres observam de maneira inviolável, e que a maior parte daqueles que julgam suas produções não conhece suficientemente. Certo é que, nas inúmeras ocasiões em que figuras projetadas sobre uma

---

79 Referência ao pintor francês Carle Van Loo (1705-1765) e, provavelmente, à tela *Dieu marin* (Deus marinho).

figura humana, ou, de modo mais frequente, sobre uma figura animal, devem cobrir uma de suas partes; essa parte escondida pela projeção jamais deve ser inteira e completa. Com efeito, se fosse um punho ou um braço, a figura pareceria maneta; se fosse outro membro, ela pareceria mutilada desse membro e, por conseguinte, estropiada. Todo pintor que temer rememorar objetos desagradáveis à imaginação evitará a aparência de uma amputação cirúrgica. Ele haverá de organizar a disposição relativa de suas figuras de maneira que qualquer parte visível dos membros ocultos anuncie sempre a existência do resto.

Essa máxima se estende, embora com menos severidade, a todos os outros objetos. Quebre as colunas, se quiser; mas não as serre. Tal máxima é antiga, e a encontramos constantemente observada nos bustos. Concederam-lhes, com o colo inteiro, uma parte dos ombros e do peito. Portanto, os artistas escrupulosos diriam, ainda sobre o exemplo em questão, que as ondas degolam Netuno. É por isso que ninguém ousou escolher esse momento. Todos preferiram a segunda imagem do poeta, o momento seguinte, em que o deus está quase totalmente fora das águas, e em que começamos a perceber as rodas ligeiras de seu carro.

Porém, se a senhorita continuar insatisfeita com esse exemplo, o mesmo poeta apresentar-me-á outros, que provarão melhor que a poesia nos faz admirar imagens cuja pintura seria insustentável, e que nossa imaginação é menos escrupulosa do que nossos olhos. Com efeito, quem poderia suportar na tela a visão de Polifemo devorando os ossos de um dos companheiros de Ulisses? Quem veria sem horror um gigante segurando um homem inclinado em sua enorme boca, e o sangue escorrendo pela sua barba e pelo seu peito? Tal quadro só poderá agradar a canibais. Essa natureza será admirável para antropófagos; detestável, porém, para nós.

*Carta sobre os surdos-mudos*

Fico surpreso quando penso na quantidade de elementos diferentes de que dependem as regras da imitação e do gosto, e a definição da bela natureza. Parece-me que, antes de pronunciar-se a respeito desses objetos, seria preciso posicionar-se sobre uma infinidade de questões relativas aos costumes, aos hábitos, ao clima, à religião e ao governo. Na Turquia, todas as abóbadas são em arco abatido. O muçulmano imita crescentes por toda parte. Seu próprio gosto encontra-se subjugado; e a servidão dos povos é visível até na forma dos domos. Mas, enquanto o despotismo rebaixa as abóbadas e os cimbres, o culto aniquila as figuras humanas e as bane da arquitetura, da pintura e dos palácios.

Qualquer outro, senhorita, irá contar-lhe a história das opiniões diferentes dos homens sobre o gosto, e irá explicar-lhe, seja por razões, seja por conjecturas, de onde surge a bizarra irregularidade que os chineses ostentam por toda parte; vou tentar, quanto a mim, explicar-lhe em poucas palavras a origem disso que chamamos de gosto em geral, deixando a seu cargo o exame da quantidade de vicissitudes a que os princípios estão sujeitos.

A percepção das relações é um dos primeiros passos de nossa razão. As relações são simples ou compostas. Elas constituem a simetria. Como a percepção das relações simples é mais fácil do que a das relações compostas, e como de todas as relações a de igualdade é a mais simples, era natural preferi-la; e foi isso que fizemos. Esta é a razão pela qual as alas de um edifício são iguais e os lados das janelas são paralelos. Nas artes, por exemplo, em arquitetura, afastar-se com frequência das relações simples e das simetrias que elas engendram é produzir uma máquina, um labirinto, e não um palácio. Se as razões de utilidade, de variedade, de localização etc. forçam-nos a renunciar à relação de igualdade e à simetria mais simples, é sempre a contragosto; e apressamo-nos em retornar a elas por vias que parecem totalmente arbitrárias aos homens superficiais. Uma estátua é feita para ser vista de longe. Dar-lhe-emos um pedestal. É preciso que um pedestal seja sólido. Para ele será escolhida, entre todas as figuras regulares, aquela que opõe mais superfície à terra. É um cubo. Esse cubo será ainda mais firme se suas faces forem inclinadas. Elas serão inclinadas. Porém, ao inclinar as faces do cubo, destruir-se-á a regularidade do corpo e, com ela, as relações de igualdade. Elas serão restabelecidas mediante o plinto e as molduras. As molduras, os filetes, os galbos, os plintos, as cornijas, os painéis etc. são apenas meios sugeridos pela natureza para afastar-se da relação de igualdade e a ela retornar gradualmente. Mas será preciso conservar em um pedestal alguma ideia de leveza? O cubo será abandonado em prol do cilindro. Tratar-se-á de caracterizar a inconstância? No cilindro, encontrar-se-á uma estabilidade excessivamente acentuada, e procurar-se-á uma figura que a estátua toque em um ponto, apenas. Eis como a Fortuna será colocada sobre um globo, e o Destino, sobre um cubo.

Não presuma, senhorita, que esses princípios só se aplicam à arquitetura. O gosto em geral consiste na percepção das relações. Um belo quadro, um poema, uma bela música, só nos agradam pelas relações que aí percebemos. A mesma coisa ocorre com uma bela vida, com um belo concerto. Lembro-me de ter feito noutra parte uma aplicação bastante feliz desses princípios aos fenômenos mais delicados da música;[80] penso que eles abrangem tudo.

---

80 Alusão às *Mémoires sur différents sujets de mathématiques* (Memórias sobre diferentes objetos de matemáticas), especialmente aos *Principes généraux de la science du son* (Princípios gerais da ciência do som). Paris, 1748, p.52 ss.

*Carta sobre os surdos-mudos*

Tudo tem sua razão suficiente; mas nem sempre é fácil encontrá-la. Basta um acontecimento para eclipsá-la de modo irreversível. Para tanto, bastam as trevas que os séculos deixam para trás; e, após alguns milhares de anos, quando a existência de nossos pais tiver desaparecido na noite dos tempos, e quando formos os mais antigos habitantes do mundo aos quais a história profana possa remontar, quem adivinhará a origem dessas cabeças arietinas que nossos arquitetos transportaram dos templos pagãos para os nossos edifícios?

Veja, senhorita, sem muita demora, em que pesquisas haveria de se engajar, a partir deste momento, aquele que empreendesse um tratado histórico e filosófico sobre o gosto. Não me sinto apto a superar essas dificuldades, que exigem mais gênio do que conhecimento. Lanço minhas ideias no papel e elas se tornam aquilo que podem ser.

Sua última questão concerne a tantos objetos diferentes, e requer um exame tão delicado, que uma resposta que os abrangesse todos exigiria mais tempo e talvez também mais penetração e conhecimento do que eu tenho. A senhorita parece duvidar que *haja muitos exemplos de que a poesia, a pintura e a música forneçam hieróglifos passíveis de serem comparados*. Antes de tudo, certo é que há *outros* além daquele que expus. Haverá, porém, *muitos* deles? Isso é o que só se pode descobrir mediante uma leitura atenta dos grandes músicos e dos melhores poetas, associada a um conhecimento amplo do talento da pintura e das obras dos pintores.

A senhorita pensa que, *para comparar a harmonia musical com a harmonia oratória, seria preciso que houvesse nesta última um equivalente da dissonância*; e a senhorita tem razão. Porém, o encontro das vogais e das consoantes que se elidem, o retorno do mesmo som e o emprego do *h* aspirado acaso não desempenham essa função, e em poesia não é preciso a mesma arte, ou melhor, o mesmo gênio que em música, para utilizar esses recursos? Eis, senhorita, alguns exemplos de dissonâncias oratórias; a sua memória oferecer-lhe-á sem dúvida um grande número de outros.

*Gardez qu'une voyelle à courir trop hâtée*
*Ne soit d'une voyelle en son chemin heurtée.*[81]

Boileau

*Monstrum* horrendum, *informe, ingens, cui lumen ademp*tum.[82]

Virgílio

*Cum Sagana majore ululantem*
*Serpen*tes *atque vide*res
*Infer*nas *errare ca*nes
............................ *quo pacto alterna loquen*tes
*Umbræ cum Sagana resonarent triste et acutum.*[83]

Horácio

---

81 Ver Boileau, *A arte poética*, primeiro canto, versos 106-8: "Tome cuidado para que uma vogal, apressada demais em correr, não se choque em seu caminho com outra vogal". Trad. Célia Berrettini. São Paulo: Perspectiva, 1979, p.18.

82 Virgílio, *Eneida*, livro III, verso 658, op. cit., p.147: "Monstro feio, informe, imenso, de luz roubada".

83 Horácio, *Sátiras*, I, oitava sátira, versos 25, 34-5, e 40-1: "Com a velha Sagana errar uivando [...]/ As cadelas, e horríficas serpentes [...] O como as sombras,/ Com Sagana alternadas praticando,/ Soltam agudo, lúgubre alarido [...]".Trad. António Luís Seabra. São Paulo: Edipro, 2011, p.64.

*Carta sobre os surdos-mudos*

Todos esses versos estão cheios de dissonâncias; e aquele que não as percebe não tem ouvido.

*Há*, a senhorita enfim acrescenta, *trechos de música aos quais não se ligam imagens, que não constituem para nós mesmos, nem para ninguém, nenhuma pintura hieroglífica, e que, entretanto, causam grande prazer a todos.* Reconheço esse fenômeno; mas peço-lhe que considere que esses trechos de música que a tocam agradavelmente sem despertar na senhorita uma pintura ou uma percepção distinta de relações só deleitam seu ouvido como o arco-íris agrada a seus olhos: com um prazer de sensação pura e simples; e que eles estão longe de ter toda a perfeição que a senhorita poderia exigir deles, e que eles a teriam, se a verdade da imitação aí se encontrasse ligada aos encantos da harmonia. Conceda, senhorita, que se os astros não perdessem nem um pouco de seu brilho na tela, a senhorita os julgaria mais belos ali do que no firmamento; uma vez que o prazer refletido que surge da imitação unir-se-ia ao prazer direto e natural da sensação do objeto. Estou certo de que o luar jamais a tocou tanto na natureza quanto em uma das noites de Vernet.[84]

Em música, o prazer da sensação depende de uma disposição particular, não somente do ouvido, mas de todo o sistema nervoso. Se há cabeças sonantes, também há corpos que, sem objeção, eu chamaria de harmônicos; homens em que todas as fibras oscilam com tanta prontidão e vivacidade que a experiência dos movimentos violentos que a harmonia lhes causa sentem a possibilidade de movimentos ainda mais violentos e alcançam a ideia de um tipo de música que os faria morrer de prazer. Logo, sua existência lhes parece como que ligada a uma só

---

84  Claude Joseph Vernet (1714-1789), pintor e gravurista francês.

fibra retesada, que uma vibração demasiado intensa pode romper. Não suponha, senhorita, que esses seres tão sensíveis à harmonia sejam os melhores juízes da expressão. Eles estão quase sempre para além dessa emoção branda em que o sentimento não prejudica de modo algum a comparação. Eles assemelham-se àquelas almas fracas que não podem ouvir a história de um infeliz sem derramar lágrimas, e para quem absolutamente não há tragédias ruins.

De resto, a música tem mais necessidade de encontrar em nós essas disposições favoráveis dos órgãos do que a pintura e a poesia. Seu hieróglifo é tão ligeiro e fugidio, é tão fácil perdê-lo ou interpretá-lo mal, que o mais belo trecho de sinfonia não causaria grande efeito se o infalível e súbito prazer da sensação pura e simples não estivesse infinitamente acima daquele de uma expressão muitas vezes equívoca. A pintura mostra o próprio objeto, a poesia o descreve, a música mal suscita uma ideia dele. Ela não tem outro recurso senão os intervalos e a duração dos sons; e que analogia existe entre esse tipo de lápis e a primavera, as trevas, a solidão etc. e a maioria dos objetos? Logo, como é que, das três artes imitadoras da natureza, fala mais intensamente à alma aquela cuja expressão é a mais arbitrária e a menos precisa? Seria porque, ao mostrar menos os objetos, ela abre um caminho maior para a nossa imaginação; ou porque, como necessitamos de agitação para sermos comovidos, a música é mais apropriada do que a pintura e a poesia para produzir em nós esse efeito tumultuoso?

Tais fenômenos surpreender-me-iam muito menos se nossa educação fosse mais parecida com a dos gregos. Em Atenas, quase todos os jovens dedicavam dez ou doze anos ao estudo da música; e como um músico só tinha músicos como ouvintes

Carta sobre os surdos-mudos

e juízes, um trecho sublime naturalmente lançaria toda uma assembleia no mesmo frenesi com que se agitam aqueles que fazem executar suas obras em nossos concertos. Porém, é da natureza de todo entusiasmo comunicar-se e intensificar-se com o número dos entusiastas. Os homens exercem então uma ação recíproca uns sobre os outros, mediante a imagem enérgica e viva que todos expõem da paixão pela qual cada um deles é transportado; daí essa alegria insana de nossas festas públicas, o furor de nossas agitações populares e os efeitos surpreendentes da música entre os antigos; efeitos que o quarto ato de *Zoroastro*[85] teria renovado entre nós se nossa plateia tivesse sido totalmente ocupada por um povo tão musical e tão sensível quanto a juventude ateniense.

Resta-me apenas agradecer-lhe pelas suas observações. Se lhe ocorrerem quaisquer outras, faça-me o favor de comunicá-las a mim; mas que seja, no entanto, sem suspender suas ocupações. Sei que a senhorita está vertendo para a nossa língua o *Banquete* de Xenofonte, e que tem a intenção de compará-lo com o de Platão. Exorto-a a concluir essa tarefa. Tenha, senhorita, a coragem de ser erudita. Bastam exemplos como o seu para inspirar o gosto pelas línguas antigas; ou, pelo menos, para provar que esse tipo de literatura é ainda um daqueles em que seu sexo pode distinguir-se. Aliás, só os conhecimentos que a senhorita tiver adquirido poderão mais tarde consolá-la do motivo singular que hoje a levam a se instruir. Como a senhorita é afortunada! Pois encontrou a grande arte, a arte ignorada por quase todas as mulheres, a de não ser de modo algum enganada, e de dever mais

---

85 *Zoroastre* (1749), tragédia de Rameau em cinco atos, com libreto de Cahusac.

do que algum dia poderá pagar. Seu sexo não está acostumado a ouvir essas verdades; mas ouso dizê-las à senhorita, que pensa como eu. Tenho a honra de ser, com profundo respeito, senhorita, seu muito humilde e muito obediente criado ***.

# Observações

## Sobre a resenha que o jornalista de Trévoux escreveu acerca da *Carta sobre os surdos-mudos*, [publicada no] mês de abril [de 1751], art. 42, p.841.

Lê-se na página 842 do *Journal* de Trévoux: "A doutrina do autor parecerá, sem dúvida, muito pouco acessível ao comum dos leitores. Após ler essa carta, a maioria deles dirá: o que nos resta no espírito? Que traços de esclarecimento e erudição tais considerações abstratas deixam em sua sucessão?".

Observação: Não escrevi de modo algum para o comum dos leitores. Bastava-me ser acessível ao autor das *Belas-artes reduzidas a um mesmo princípio*, ao jornalista de Trévoux e àqueles que já fizeram alguns progressos no estudo das letras e da filosofia. Eu mesmo afirmei: "o título da minha carta é equívoco. Ele convém indistintamente ao grande número daqueles que falam sem ouvir; ao pequeno número daqueles que ouvem sem falar; e ao reduzidíssimo número daqueles que sabem falar e ouvir; embora minha carta seja exclusivamente para uso destes últimos". Com a aprovação dos entendidos, eu poderia acrescentar que, se algum bom espírito se pergunta, depois de ter-me lido, *que traços de esclarecimento e erudição tais considerações deixaram em sua sucessão*, nada impedirá que ele diga a si mesmo: *mostraram-me*:[86]

1º) como a linguagem oratória pôde formar-se;

2º) que minha língua está cheia de inversões, comparada com a linguagem animal;

3º) que, para bem entender como a linguagem oratória formou-se, conviria estudar a língua dos gestos;

4º) que o conhecimento da língua dos gestos supõe experiências com um surdo-mudo por convenção ou conversações com um surdo-mudo de nascença;

5º) que a ideia do mudo por convenção conduz naturalmente a examinar o homem distribuído em tantos seres distintos e separados quantos são os sentidos que ele possui, e a pesquisar as ideias comuns e peculiares a cada um dos sentidos;

6º) que se, para julgar a entonação de um ator é preciso escutar sem ver, é preciso olhar sem ouvir para bem julgar o seu gesto;

7º) que há um sublime concernente ao gesto capaz de produzir na cena os grandes efeitos do discurso;

8º) que a ordem que deve predominar nos gestos de um surdo-mudo de nascença é um relato bastante fidedigno da ordem em que os gestos poderiam ter sido substituídos pelos signos oratórios;

9º) que a dificuldade de transmitir certas ideias a um surdo-mudo de nascença determina, entre os signos oratórios, os primeiros e os últimos inventados;

---

86 Repito aqui, contra a minha própria vontade, o que eu disse no final da minha *Carta*. (Nota de Diderot)

*Carta sobre os surdos-mudos*

10º) que os signos que marcam as partes indeterminadas do tempo encontram-se entre os últimos inventados;

11º) que aí se encontra a origem da ausência de certos tempos em algumas línguas e do duplo emprego do mesmo tempo em outras;

12º) que tais bizarrices levam a distinguir, em toda língua, três estados diferentes, o de nascimento, o estado de formação e aquele de perfeição;

13º) que, no estado de língua formada, a inteligência encadeada na sintaxe não pode fixar entre seus conceitos a ordem que predomina nos períodos gregos e latinos. Donde *se* pode inferir que, qualquer que seja a disposição dos termos em uma língua formada, a inteligência do escritor segue a ordem da sintaxe francesa; e que, pelo fato de essa sintaxe ser a mais simples de todas, o francês, nesse ponto, deve ter vantagem sobre o grego e o latim;

14º) que a introdução do artigo em todas as línguas e a impossibilidade de discorrer sem ter várias percepções ao mesmo tempo terminam por confirmar que a progressão da inteligência de um autor grego e latino não se desviava de modo algum daquela de nossa língua;

15º) que a harmonia oratória se engendrou na passagem do estado de língua formada àquele de língua aperfeiçoada;

16º) que é preciso considerá-la nas palavras e no período; e que é do concurso dessas duas harmonias que resulta o hieróglifo poético;

17º) que esse hieróglifo torna todo excelente poeta difícil de ser bem entendido, e quase impossível de ser bem traduzido;

18º) que toda arte de imitação tem seu hieróglifo; o que me foi demonstrado por um ensaio de comparação entre os hieróglifos da música, da pintura e da poesia.

*187*

Eis, diria a si mesmo um bom espírito, *o que considerações abstratas suscitaram; eis os traços que elas deixaram em sua sucessão;* e já é alguma coisa.

Lê-se, na mesma página do *Journal: Mas quem poderá nos dizer que aí não se encontrem paradoxos, nem sentimentos arbitrários, nem críticas deslocadas?*

Observação: Acaso haverá algum livro, sem excluir os jornais de Trévoux, de que não se possa dizer: *mas quem nos dirá que aí não se encontrem paradoxos, nem sentimentos arbitrários, nem críticas deslocadas?*

Lê-se na página seguinte do *Journal: Tais serão os raciocínios, ou pelo menos as suspeitas de certas pessoas que se comprazem em encontrar numa obra traços fáceis de compreender, que apreciam as imagens, as descrições, as aplicações surpreendentes, numa palavra, tudo aquilo que mobiliza a imaginação e o sentimento.*

Observação: As pessoas que não leem de modo algum para aprender, ou que querem aprender sem esforço, são precisamente aquelas que o autor da *Carta sobre os surdos-mudos* não se interessa em ter como leitores nem como juízes. Ele até as aconselha a renunciar a Locke, a Bayle e a Platão, e, em geral, a toda obra de raciocínio e metafísica. Ele considera que um autor cumpriu sua tarefa quando ele soube empregar o tom que convém a seu tema: com efeito, acaso haverá um leitor de bom senso que, em um capítulo de Locke sobre o abuso que se pode fazer das palavras,[87] ou em uma carta sobre as inversões, se atreva a buscar *imagens, descrições, aplicações surpreendentes e tudo aquilo que mobiliza a imaginação e o sentimento?*

---

87 Locke, *Ensaio sobre o entendimento humano*, livro 3, capítulo 9. Trad. P. P. Pimenta e Bento Prado Neto. São Paulo: Martins Fontes, 2023.

*Carta sobre os surdos-mudos*

Também se lê na mesma página do *Journal*: *Os filósofos não devem pensar assim. Eles devem adentrar bravamente na matéria das inversões. Acaso existem inversões? Não as encontramos de modo algum em nossa língua? Que não se presuma que esta seja uma questão de gramática; isto se eleva à mais sutil metafísica, ao próprio nascimento de nossas ideias.*

Observação: Seria muito surpreendente que isso se desse de outra maneira. As palavras com as quais as línguas são formadas são apenas os signos de nossas ideias; e qual seria o meio de dizer algo filosófico sobre a instituição de uns [os signos], sem remontar ao nascimento das outras [as ideias]? O intervalo, porém, não é grande; e seria difícil encontrar dois objetos de especulação mais próximos, mais imediatos e mais estreitamente ligados do que o nascimento das ideias e a invenção dos signos destinados a representá-las. A questão das inversões, assim como a maior parte das questões de gramática, concernem, portanto, à metafísica mais sutil: refiro-me ao sr. Du Marsais, que não teria sido o primeiro de nossos gramáticos se não tivesse sido ao mesmo tempo um de nossos melhores metafísicos. É pela aplicação da metafísica à gramática que ele se destaca.

Lê-se na página 847 do *Journal*: *O autor examina em que posição disporíamos naturalmente nossas ideias; e, como nossa língua não se restringe a essa ordem, ele julga que, nesse sentido, ela utiliza inversões, o que ele prova igualmente pela linguagem dos gestos, artigo algum tanto entremeado com digressões. Devemos até acrescentar que, ao final desse trecho, muitos leitores poderão perguntar-se se eles apreenderam todas as relações; se compreenderam como e mediante o que os surdos-mudos confirmam a existência das inversões em nossa língua. Isso não impede que não se possa obter muito prazer* etc. A sequência é uma espécie de elogio que o autor compartilha com o Padre Castel.

*189*

Observação: Há, repito, leitores que não quero e que jamais gostaria de ter: só escrevo para aqueles com quem me agradaria conversar. Dirijo minhas obras aos filósofos; para mim, não há em absoluto outros homens no mundo. Quanto a esses leitores que buscam um objeto que eles têm sob os olhos, eis o que lhes digo pela primeira e última vez que lhes falo.

O sr. indaga como a linguagem dos gestos relaciona-se à questão das inversões, e como os surdos-mudos confirmam a existência das inversões em nossa língua. Respondo que o surdo-mudo, seja aquele de nascença, seja aquele por convenção, indica, mediante a disposição de seus gestos, a ordem segundo a qual as ideias são dispostas na língua animal; que ele nos esclarece sobre o momento em que se deu a substituição sucessiva dos gestos pelos signos oratórios; que ele não nos deixa nenhuma dúvida quanto aos primeiros e aos últimos signos inventados, e que ele nos transmite assim as noções mais justas que possamos esperar da ordem primitiva das palavras e da frase antiga, com a qual é preciso comparar a nossa, para saber se temos ou não inversões. Pois é necessário saber no que consiste a ordem natural, antes de afirmar algo sobre a ordem invertida.

Lê-se, na página seguinte do *Journal* que, *para bem entender a carta é preciso lembrar-se de que* a ordem de instituição, a ordem científica, a ordem didática, a ordem de sintaxe *são sinônimas*.

Observação: Não se entenderia de modo algum a carta se todas essas expressões fossem consideradas sinônimas. A *ordem didática* não é sinônima de nenhuma das outras três. A *ordem de sintaxe*, a *de instituição*, a *ordem científica* convêm a todas as línguas. A *ordem didática* é peculiar à nossa [língua] e àquelas que, assim como a nossa, têm um andamento uniforme. A *ordem didática* não é senão uma espécie de *ordem de sintaxe*; assim, poder-se-ia muito

Carta sobre os surdos-mudos

bem dizer que *a ordem de nossa sintaxe é didática*. Quando se trata de bagatelas, não se pode atribuir demasiado rigor a suas críticas.

Lê-se na página 851 do *Journal: O trecho em que o autor compara a língua francesa com as línguas grega, latina, italiana e inglesa não será aceito na passagem em que afirma que é preciso falar francês em sociedade e nas escolas de filosofia; grego, latim e inglês, nos púlpitos e nos teatros*. O jornalista observa *que é preciso destinar ao púlpito, este lugar tão venerável, a língua que melhor explica os direitos da razão, da sabedoria, da religião, numa palavra, da verdade.*

Observação: Eu seria refutado, com certeza, por todos esses frios tagarelas, por todos esses retores fúteis que anunciam a palavra de Deus com o tom de Sêneca ou de Plínio; mas acaso eu o seria por aqueles que pensam que a eloquência verdadeira do púlpito é aquela que toca o coração, que provoca o arrependimento e as lágrimas, e que torna o pecador perturbado, abatido, consternado? *Os direitos da razão, da sabedoria, da religião e da verdade* são certamente os grandes objetos do pregador; mas acaso ele deve expô-los em frias análises, com eles divertir-se em antíteses, confundi-los num amontoado de sinônimos e obscurecê-los mediante termos sofisticados, torneios sutis, pensamentos equívocos e o verniz acadêmico? Sem objeção, eu consideraria essa eloquência como *blasfematória*. Tal não é aquela de Bourdaloue,[88] de Bossuet, de Mascaron,[89] de La Rue,[90] de Massillon[91] e de tantos outros que nada pouparam para vencer a lentidão e o embaraço de uma língua didática mediante a sublimidade de seus pensamentos, a força de suas imagens e o patético de suas

---

88  Louis Bourdaloue (1632-1704), padre jesuíta francês e orador.
89  Jules Mascaron (1634-1703), célebre orador marselhês.
90  Charles de La Rue (1643-1725), padre jesuíta, poeta e orador francês.
91  Jean-Baptiste Massillon (1663-1742), bispo e orador francês.

expressões? A língua francesa prestar-se-á facilmente à dissertação teológica, ao catecismo, à instrução pastoral, porém, quando se trata do discurso oratório, é outra coisa.

De resto, conto com aqueles que sabem mais a respeito disso do que nós; e deixo a eles a decisão sobre qual das duas línguas — das quais uma seria naturalmente uniforme e tardia, e a outra, variada, abundante, impetuosa, cheia de imagens e de inversões — poderia ser a mais apropriada para comover almas esmorecidas em seus deveres, para assustar pecadores insensíveis às consequências de seus crimes, para anunciar verdades sublimes, para pintar atos heroicos, para tornar o vício odioso e a virtude atraente, e para empregar todos os grandes temas da religião de maneira que impressione e instrua, sobretudo que impressione, pois, no púlpito, trata-se menos de ensinar *aos fiéis* o que eles ignoram do que de fazê-los decidir praticar aquilo que eles sabem.

Não faremos nenhuma observação sobre as duas críticas da página 852; não teríamos quase nada a acrescentar àquilo que o próprio jornalista afirma. É melhor apressarmo-nos a chegar à passagem crucial de sua resenha: a passagem à qual ele nos adverte que deu *uma atenção particular*. Ei-la, palavra por palavra.

Lê-se na página 854 do *Journal*: *Todo mundo conhece os três belos versos do 17º livro da Ilíada, quando Ájax se queixa a Júpiter das trevas que envolvem os gregos.*

Ζεῦ πάτερ, ἀλλὰ σὺ ῥῦσαι ὑπ᾽ ἠέρος υἷας Ἀχαιῶν,
ποίησον δ᾽ αἴθρην, δὸς δ᾽ ὀφθαλμοῖσιν ἰδέσθαι·
ἐν δὲ φάει καὶ ὄλεσσον, ἐπεί νύ τοι εὔαδεν οὕτως.[92]

---

92 *Ilíada*, canto XVII, versos 645-7, op. cit., p.677. Ver tradução mais acima.

*Boileau os traduz assim: "Grand Dieu, chasse la nuit qui nous couvre les yeux, Et combats contre nous à la clarté des cieux".*

*O sr. de La Motte se contenta em dizer: "Grand Dieu, rends-nous le jour, et combats contre nous".*

*Ora, o autor da carta precedente afirma que nem Longino, nem Boileau, nem La Motte entenderam o texto de Homero; que esses versos devem ser traduzidos assim: "Pai dos deuses e dos homens, rechaça a noite que nos cobre os olhos; e, porquanto resolveste nos arruinar, pelo menos arruína-nos à luz do firmamento".[93]*

Que aí não se encontra nenhum desafio a Júpiter, somente um herói disposto a morrer, se acaso for a vontade do deus, e que não lhe pede outra graça a não ser aquela de morrer combatendo.

*O autor confirma progressivamente seu pensamento, e parece ter tido um forte interesse por esse trecho. A respeito disso, acreditamos ser necessário fazer também as seguintes observações:*

*1º) A tradução que apresentamos aqui, e que acabamos de referir, é literal, exata e conforme ao sentido atribuído por Homero.*

*2º) É verdade que no texto desse grande poeta não há nenhum desafio a Júpiter por parte de Ájax. Eustácio[94] aí não viu nada semelhante, e observa somente que as palavras "arruína-nos à luz do firmamento" justificaram um provérbio que diz: "Se devo morrer, que ao menos eu morra de maneira menos cruel".*

*3º) É preciso distinguir Longino de nossos dois poetas franceses, Boileau e La Motte: Longino, considerado em si mesmo e em seu próprio texto, parece-nos ter compreendido bem o sentido atribuído por Homero; e, com efeito, seria*

---

93 No original: "Père des dieux et des hommes, chasse la nuit qui nous couvre les yeux; et puisque tu as résolu de nous perdre, perds-nous du moins à la clarté des cieux".

94 Eustáquio de Tessalônica (1115- c.1195), arcebispo do séc. XII e comentador de Homero.

*bastante surpreendente que supuséssemos entender melhor esse poeta grego do que o entendia um erudito que falava a mesma língua, e que o lera durante toda a sua vida.*

*Esse rétor refere os versos de Homero, depois acrescenta: "Eis aí um sentimento verdadeiramente digno de Ájax. Ele não pede para viver: teria sido um pedido demasiado baixo para um herói; porém, ao perceber que, em meio a essas espessas trevas, ele não pode empregar sua bravura, indigna-se por não combater; ele pede que a luz lhe seja* prontamente *devolvida, a fim de morrer de uma maneira digna de seu grande coração, quando Júpiter mesmo se lhe opusesse diretamente".*

*Tal é a tradução literal desse trecho. Não se nota aí que Longino coloque algum desafio no pensamento ou nos versos de Homero. Estas palavras, "quando Júpiter mesmo se lhe opusesse diretamente", vinculam-se àquilo que se encontra no mesmo livro da Ilíada, quando o poeta pinta Júpiter armado com sua égide, dardejando seus raios, abalando o monte Ida e apavorando os gregos. Nessas funestas circunstâncias, Ájax acredita que o próprio pai dos deuses comanda os dardos dos troianos; e concebe-se que esse herói, em meio às trevas, possa efetivamente pedir, não para lutar com o deus, mas para ver a luz do dia, para forjar um fim digno de seu grande coração, quando ele mesmo deveria expor-se aos dardos de Júpiter,* quando Júpiter mesmo se lhe opusesse diretamente. *Essas ideias não se entrelaçam de modo algum. Um bravo como Ájax podia esperar que ele seria capaz de encontrar alguma bela ação a realizar, um momento antes de morrer pelos golpes de Júpiter irritado e determinado a arruinar os gregos.*

*4º) Boileau considera em um sentido demasiado amplo o texto de seu autor ao dizer* quando deveria combater Júpiter. *Eis o que dá um ar de desafio do qual Longino não apresenta nenhum exemplo. Porém, esse excesso de abrangência não parece tão marcado na tradução desse hemistíquio de Homero. Esse hemistíquio, "e combate contra nós", não apresenta um desafio nas formas, embora tivesse sido melhor exprimir esse pensamento; "e arruína-nos, já que tu o queres". Nada devemos acrescentar sobre o verso de La Motte, que talvez não seja tão bom quanto aquele de Boileau.*

*De tudo isso, segue-se que, se nossos dois poetas franceses merecem integral ou parcialmente a censura de nosso autor, Longino, pelo menos, não a merece; para convencer-se disso, basta ler seu texto.*

Eis muito fielmente toda a passagem do jornalista acerca de Longino, sem nada subtrair da força dos raciocínios, nem da maneira elegante e precisa mediante a qual eles são expostos.

Observações: O jornalista abandona La Motte e Boileau: ele só combate por Longino; e aquilo que ele opõe em seu favor se reduz às proposições seguintes:

1º) Como Longino falava a mesma língua que Homero e lera esse poeta durante toda a sua vida, ele devia entendê-lo melhor do que nós.

2º) Há, na tradução de Boileau, um ar de *desafio*, do qual Longino não apresenta nenhum exemplo, e as expressões, *quando Júpiter mesmo se lhe opusesse diretamente*, e *quando deveria combater o próprio Júpiter*, não são de modo algum sinônimas.

3º) A primeira dessas expressões, *quando Júpiter mesmo se lhe opusesse diretamente*, é relativa às circunstâncias nas quais Homero dispôs seu herói.

À primeira objeção, respondo que Longino pôde entender Homero infinitamente melhor do que nós, e enganar-se em uma passagem da *Ilíada*.

À segunda objeção, respondo que a expressão, *quando deveria combater Júpiter*, e aquela que o jornalista emprega em seu lugar, para tornar a tradução mais exata e mais literal, *quando Júpiter mesmo se lhe opusesse diretamente*, parecer-me-ão sinônimas, e suponho que a muitos outros, até que nos tenham demonstrado que elas não o são. Continuaremos a acreditar que *ele me era diretamente oposto nessa ação* ou nada significa ou significa *eu deveria combatê-lo*. A última [expressão] parece até menos vigorosa do que a outra. Ela só apresenta um *talvez*, e a outra anuncia um *fato*. Para haver dois sinônimos, seria preciso retirar *deveria* da frase de Boileau: ter-se-ia, então, *quando ele teria de combater Júpiter*, que, com extrema precisão, daria em *quando Júpiter mesmo se lhe opusesse diretamente*. Porém, teríamos excluído com o verbo *deveria* a ideia de uma necessidade fatal, que leva a lastimar o herói e que suaviza seu discurso.

Mas Deus não é para um soldado cristão o que Júpiter era para Ájax. Se ocorresse então a um de nossos poetas colocar um soldado nas mesmas circunstâncias que Ájax, e fazê-lo dizer a Deus: "Dá-me então prontamente o dia, e que eu busque um fim que seja digno da minha pessoa, quando a mim te opuseres diretamente". Que o jornalista venha então me dizer se ele não encontraria nessa apóstrofe nem impiedade nem desafio.

Ou antes, rogo-lhe que desconsidere tudo o que precede, e que se atenha apenas ao que segue.

Vou passar à terceira objeção, e demonstrar-lhe que, em todo o discurso de Longino, não há uma palavra que convenha às circunstâncias nas quais Homero colocou seu herói; e que a paráfrase inteira do rétor se dá em contrassenso.

Tenho tanta confiança em minhas razões que deixo ao próprio jornalista a decisão desse processo literário; mas que ele decida; que me diga que estou errado, é tudo o que lhe peço.

Começo por admitir sua tradução. Digo, em seguida, que, se os sentimentos do Ájax de Longino são os sentimentos do Ájax de Homero, pode-se colocar o discurso do Ájax de Longino na boca do Ájax de Homero. Pois, se a paráfrase do rétor é justa, ela será apenas um desenvolvimento maior da alma do herói do poeta. Eis então, seguindo a tradução do jornalista, aquilo que Ájax teria dito a Júpiter pela boca de Longino: *Grande Deus, não te peço a vida; esta prece está aquém de Ájax. Como, porém, defender-se? Como empregar sua bravura nas trevas que nos circunda? Dá-nos prontamente o dia; e que eu busque um fim que seja digno da minha pessoa, quando a mim te opuseres diretamente.*

*Ajax d'Homère.*

1º) Quais são os sentimentos que formam o caráter desse discurso? A indignação, o orgulho, a bravura, a sede de combates, o medo de uma morte obscura e o desprezo pela vida. Qual seria o tom utilizado por aquele que o declamasse? Firme e veemente. A atitude do corpo? Nobre e altiva. O aspecto do rosto? Indignado. A postura da cabeça? Erguida. O olho? Seco. O olhar? Confiante. Refiro-me aos primeiros atores da cena francesa. Entre eles, aquele que ousasse acompanhar ou concluir esse discurso com lágrimas faria arrebentar de rir a plateia e os camarotes.

## Carta sobre os surdos-mudos

2º) Que movimento esse discurso deve suscitar? Será efetivamente o da piedade? Acaso o deus dobrar-se-á, ao gritar-lhe com voz firme, depois de vários ditos semelhantes à bravata: "Dá-nos *prontamente* o dia; e que eu busque um fim que seja digno da minha pessoa, quando a mim te opuseres diretamente"? Esse *prontamente*, sobretudo, estaria bem colocado.

O discurso de Longino, colocado na boca de Ájax, não permite, portanto, nem ao herói desatar em lágrimas, nem ao deus apiedar-se dele; logo, trata-se apenas de uma amplificação desajeitada dos três versos patéticos de Homero. Eis a prova disso no quarto [verso]:

ὥς φάτο, τὸν δὲ πατὴρ ὀλοφύρατο δάκρυ χέοντα.[95]

*Ele disse, e o pai dos deuses e dos homens teve piedade do herói que desatava em* *lágrimas.*[96]

Eis, portanto, um herói em lágrimas, e um deus compadecido; duas circunstâncias que o discurso de Longino excluía do quadro. E que não se pense que essas lágrimas são de raiva: lágrimas de raiva não convêm nem mesmo ao Ájax de Longino; pois ele está indignado, mas não furioso; e elas convêm ainda muito menos à piedade de Júpiter.

Observem que 1º) foi preciso enfraquecer o relato de Longino para colocá-lo com alguma verossimilhança na boca de Ájax; 2º) que a rapidez de ὥς φάτο; τὸν δέ πατὴρ ὀλοφύρατο etc.

---

95 *Ilíada*, XVII, v. 648, op. cit., p.677: "Falou, e o pai se apiedou do herói aos prantos".

96 No original: "Il dit; et le père des dieux et des hommes eut pitié du héros qui répandait des larmes".

*Denis Diderot*

não deixa nenhum intervalo entre o discurso de Ájax e a piedade de Júpiter.

Porém, após ter pintado Ájax segundo a paráfrase de Longino, vou esboçá-lo segundo os três versos de Homero.

O Ájax de Homero tem o olhar voltado para o céu, lágrimas caem de seus olhos, seus braços são suplicantes, seu tom é patético e tocante; ele diz: "Pai dos deuses e dos homens – Ζεῦ πάτερ –, rechaça a noite que nos circunda; δὸς ἰδέσθαι; e arruína-nos pelo menos de dia, se é a tua vontade nos arruinar, ἐπεί νύτοι εὔαδεν οὕτως".

Ájax se dirige a Júpiter como nós nos dirigimos a Deus na mais simples e mais sublime de todas as preces. Assim, o pai dos deuses e dos homens, acrescenta Homero, apiedou-se das lágrimas derramadas pelo herói. Todas essas imagens se vinculam: não há mais contradição entre as partes do quadro. A atitude, a entonação, o gesto, o discurso, seu efeito, tudo está agrupado.

Porém, perguntar-se-á, em algum momento é do feitio de um herói indômito – tal como Ájax – enternecer-se? Sem dúvida, há um momento em que isso se dá. Feliz o poeta dotado do gênio divino que o sugerir ao herói. A dor de um homem toca mais do que a de uma mulher; e a dor de um herói é de um patético bem diferente do que o de um homem comum. Tasso não ignorou tal fonte do sublime; e eis uma passagem de sua *Jerusalém* que não fica atrás daquela do 17º livro de Homero.

Todo mundo conhece Argante. Sabe-se que esse herói de Tasso toma por modelo o Ájax de Homero. Jerusalém é tomada. Durante o saque dessa cidade, Tancredo percebe Argante cercado por numerosos inimigos e pronto para morrer por mãos lúgubres. Ele corre em seu socorro; cobre-o com seu escudo e o conduz ao pé dos muros da cidade, como se essa grande vítima

lhe fosse reservada. Eles caminham; chegam. Tancredo mune-
-se de armas; o terrível Argante, ao esquecer o perigo e a sua
vida, deixa cair as suas, e volta seus olhares cheios de dor para os
muros de Jerusalém que a chama invade. "Em que pensas tu?",
brada-lhe Tancredo. "Será que é chegada a hora de tua morte?
É tarde demais." Argante lhe responde: "Penso que esta capital
antiga das cidades da Judeia está acabada; que, em vão, a defendi,
e que tua fronte, que o céu me destina, é sem dúvida uma vingança demasiado leve, para tanto sangue que ali se derrama".[97]

> *Or qual pensier t'hà preso ?*
> *pensi ch'è giunta l'ora a te prescritta !*
> *s'antivedendo ciò timido stai,*
> *è il tuo timore intempestivo omai.*

> *Penso, risponde, alla città, del regno*
> *di Giudea antichissima regina,*
> *che vinta or cade; e indarno esser sostegno*
> *io procurai della fatal ruina.*
> *E ch'è poca vendetta al mio disdegno,*
> *il capo tuo, ch'il cielo or mi destina.*
> *tacque.*
> *Jerusal. libert.,* canto XIX.

---

97 Torquato Tasso, *A Jerusalém libertada* (Lisboa: Typographia Universal,
1864, p.439): "Tua mente no que pensa? Que do teu fim é perto a
hora escrita? Se, antevendo-o, do medo estás captivo,/ É esse teu temor
intempestivo./ Penso, diz, na cidade, da Judea/ Rainha antiga, que ora
a face inclina,/ A qual de sustentar eu tive idéa./ Para a livrar da ultima
ruina,/ E que é vingança leve a esfaima chêa/ D'ira tua fronte, que me o
céo destina".

*Denis Diderot*

Voltemos, porém, a Longino, e ao jornalista de Trévoux. Acabamos de ver que a paráfrase de Longino não condiz de modo algum com a sequência do discurso de Ájax em Homero. Vou mostrar que ela condiz ainda menos com aquilo que o precede.

Pátroclo foi morto. Lutam por seu corpo. Minerva, descida dos céus, anima os gregos. "Quê!", diz ela a Menelau, "o corpo do amigo de Aquiles será devorado pelos cães ao pé dos muros de Troia?" Menelau renova sua coragem e suas forças. Precipita-se contra os troianos; ele transpassa Podes com um golpe de dardo e apodera-se do corpo de Pátroclo. Levava-o embora, mas Apolo, com a aparência de Fênope, grita a Heitor: "Heitor, teu amigo Podes está sem vida; Menelau carrega o corpo de Pátroclo, e tu foges". Tomado de dor e de vergonha, Heitor retorna. Júpiter, porém, de imediato, *armado com sua égide, dardejando seus raios, abalando com seu trovão o monte Ida, apavora os gregos e os entrava.*

Entretanto, a ação continua: uma multidão de gregos jaz na poeira. Ájax, ao perceber perfeitamente que a sorte das armas mudara, brada àqueles que o cercam ὢ πόποι, "Ai de mim! Júpiter está do lado dos troianos. Ele dirige seus ataques. Todos os seus dardos são certeiros, mesmo os dos mais covardes. Os nossos caem por terra e são ineficazes. Nossos amigos consternados nos consideram como homens derrotados. Mas vamos! Consultemo-nos sobre os meios de dar um fim aos alardes e de salvar o corpo de Pátroclo. Ah, pudesse Aquiles saber da sorte de seu amigo! Não vejo, porém, ninguém para enviar até ele. As trevas nos circundam por todos os lados. Pai dos deuses e dos homens – Ζεῦ πάτερ –, rechaça a noite que nos cobre os olhos; e arruína-nos pelo menos de dia, se é a tua vontade nos arruinar". Ele disse; o pai dos deuses e dos homens foi tocado pelas lágrimas que vertiam de seus olhos, e o dia se fez.

Agora eu pergunto se há uma única palavra do discurso do Ájax de Longino que convenha a semelhante caso. Se há aí uma única circunstância da qual o jornalista possa tirar proveito em favor do rétor; e se não é evidente que Longino, Despréaux e La Motte, ocupados exclusivamente com o caráter geral de Ájax, não atentaram de modo algum para as conjunturas que o modificavam.

Quando um sentimento é verdadeiro, quanto mais nele meditamos, tanto mais ele se fortalece. Recordemos o discurso de Longino: "grande deus, não te peço a vida; esta prece está aquém de Ájax etc.". E que me digam o que ele deve fazer logo que a luz lhe seja devolvida; essa luz que ele só desejava, se nos fiarmos no jornalista, *na esperança de que ele cobrir-se-ia com o brilho de alguma bela ação, um momento antes de morrer com os golpes de Júpiter irritado e determinado a arruinar os gregos.* Ele combate visivelmente; sem dúvida, ele luta contra Heitor; ele vinga, na claridade dos céus, todo o sangue derramado nas trevas. Pois acaso se pode esperar outra coisa dos sentimentos que lhe empresta Longino, segundo o jornalista?

Entretanto, o Ájax de Homero não faz nada parecido. Ele observa à sua volta; ele percebe Menelau; "Filho de Júpiter, diz a ele, procure prontamente Antíloco; e que ele transmita a Aquiles a fatal notícia".

Menelau obedece a contragosto; ao se afastar, ele brada a Ájax e Meríone: "Não esqueçais que Pátroclo era vosso amigo". Ele percorre o exército; ele percebe Antíloco e cumpre sua missão. Antíloco parte: Menelau indica um chefe para a tropa de Antíloco, volta e presta contas a Ájax. "Basta, responde-lhe o filho de Telamônio. Vamos, Meríone, e tu, Menelau, pegai o corpo de Pátroclo, e enquanto o carregais, asseguraremos vossa retirada, opondo-nos ao inimigo".

Quem não reconhece nessa análise um herói muito mais preocupado com o corpo de Pátroclo do que com qualquer outra coisa? Quem não percebe que a desonra que ameaçava o amigo de Aquiles e que poderia recair sobre ele mesmo é quase a única razão de suas lágrimas? Quem não percebe agora que não há nenhuma relação entre o Ájax de Longino e aquele de Homero; entre os versos do poeta e a paráfrase do rétor; entre os sentimentos do herói de um, e a conduta do herói de outro; entre as exclamações dolorosas, ὦ ποποί, o tom de prece e de invocação, Ζεῦ πάτερ, e esse orgulho vizinho da arrogância e da impiedade que Longino atribui a seu Ájax tão claramente que até mesmo Boileau nisso se enganou, e, depois dele, o sr. de La Motte.

Eu o repito: a inadvertência de Longino é para mim tão evidente, e espero que o seja igualmente para aqueles que leem os antigos de maneira imparcial, que deixo ao jornalista a decisão sobre o nosso desacordo; mas que ele decida.

Uma vez mais: não peço que ele me demonstre que eu estava errado; peço-lhe apenas que o diga.

Demorei-me nessa passagem porque o jornalista, ao advertir-me que a examinara com *uma atenção particular*, fez-me pensar que isso valia o esforço. Aliás, o bom gosto não entrava menos do que a crítica nessa discussão; e era uma ocasião de mostrar o quanto, em poucos versos, Homero encerrou traços sublimes, e de apresentar ao público algumas linhas de um *ensaio* sobre a maneira de compor dos antigos, e de ler suas obras.

Lê-se na página 860 de seu *Journal*: *Não podemos da mesma maneira tomar conhecimento da crítica que se encontra aqui sobre um discurso lido pelo sr. abade de Bernis na Academia Francesa.*

Observação: Pode-se observar, no final da mesma carta sobre os surdos-mudos, o sentimento do autor sobre essa crítica prematura. Todos aqueles que julgam obras alheias são convidados a percorrer essa passagem; aí encontrarão o modelo da conduta que deverão observar, quando estiverem errados.

O jornalista acrescenta *que o texto do sr. abade de Bernis, que foi extremamente aplaudido no momento da leitura, ainda não veio a lume, e que, de sua parte, seria combater como Ájax, nas trevas, atacar ou defender em um terreno do qual não tem conhecimento suficiente.*

Observação: isso é muito prudente; a comparação, porém, não é justa. Não parece, em Homero, que Ájax tenha combatido nas trevas; porém, parece que ele pediu, quando muito, a luz do dia para combater. Em vez de *seria combater como Ájax, nas trevas* etc., dever-se-ia dizer *pediremos, como Ájax, a luz do dia, ou para defender ou para combater.* Sublinho aqui uma bagatela, a exemplo do jornalista.

Lê-se, enfim, na página 863, e a última desta resenha: *nosso autor dá-nos a esperança de que, se soubermos empregar nossa língua, nossas obras serão tão preciosas para a posteridade quanto as obras dos antigos o são para nós. Essa é uma boa notícia, mas tememos que ela nos prometa em demasia, e... acaso teremos oradores tais como Cícero, poetas tais como Virgílio e Horácio, e... e se puséssemos os pés na Grécia, como não seríamos tentados a dizer, apesar da defesa de Epiteto: Ai!, nunca teremos honra, nunca seremos nada?*

Observação: já temos, em quase todos os gêneros, obras comparáveis às mais belas que Atenas e Roma produziram. Eurípides não condenaria as tragédias de Racine. *Cina* [ou *a clemência de Augusto*], [*A morte de*] *Pompeia*, *Horácio*[98] etc. honrariam Sófocles. A *Henriada* tem trechos que *podem opor-se diretamente* àquilo que a *Ilíada* e a *Eneida* têm de mais magnífico. Molière,

---

98 Diderot se refere às peças de Corneille.

ao reunir os talentos de Terêncio e de Plauto, ultrapassou em muito os cômicos da Grécia e da Itália. Que distância entre os fabulistas gregos e latinos, e o nosso! Bourdaloue e Bossuet disputam com Demóstenes. Varrão[99] não era mais erudito que Hardouin,[100] Kircher[101] e Petau.[102] Horácio não escreveu melhor sobre a arte poética do que Despréaux. Teofrasto não torna La Bruyère menos agradável. Seria preciso estar muito prevenido para não se comprazer igualmente com a leitura de *O espírito das leis* e a leitura de *A República* de Platão. Logo, era inútil submeter Epiteto à tortura para lhe arrancar uma injúria contra nosso século e nossa nação.

*Como é muito difícil escrever uma boa obra, e muito fácil criticá-la; pois o autor teve de observar todas as passagens embaraçosas e o crítico só tem uma a contornar; este último não pode estar errado; e, se ocorresse que estivesse constantemente errado, ele seria indesculpável. Defesa de* Do espírito das leis, p.177.

---

99 Marco Terêncio Varrão (116-27 a.C.), filósofo e gramático latino.

100 Jean Hardouin (1646-1729), padre jesuíta e erudito francês.

101 Athanasius Kircher (c.1601-1680), filósofo e matemático alemão, autor de *Musurgia Universalis* (1650).

102 Denis Pétau (1583-1652), padre jesuíta, poeta, filósofo e teólogo francês.

# D'Alembert, verbete "Cego"
# Enciclopédia, v.1, p.870; 1751.[103]

Chama-se *cego* (adjetivo substantivado) aquele que é privado da visão. Segundo a analogia, essa privação deveria ser chamada de *cegueira*, mas essa palavra só é usual em sentido moral, figurado, e não é a única, em nossa língua, a ser utilizada apenas metaforicamente; *baixeza* é outra. Alguns autores chamam a privação de vista de *cécité*, da palavra latina *coecitas*, derivada de *coecus*, cego, e que, pela adequação, deveria, ao que nos parece, ser adotada.

Pode-se ser cego de nascença ou tornar-se cego por acidente ou doença. Não temos a intenção de tratar das doenças ou causas que ocasionam a perda da visão, abordadas neste *Dicionário* nos artigos correspondentes. Contentamo-nos em oferecer algumas reflexões filosóficas sobre a cegueira (*cécité*), as ideias de que ela nos priva, as vantagens que ela traz para os outros sentidos etc.

Para começar, é evidente que, como a visão tende a nos distrair com a quantidade de objetos que nos apresenta de uma vez,

---

103 http://enccre.academie-sciences.fr/encyclopedie/. Tradução integral.

é natural que aqueles que são privados desse sentido costumem prestar mais atenção aos objetos que se oferecem aos outros sentidos. Essa é a principal causa da delicadeza do tato e da audição, que se observa em alguns cegos, à diferença de uma suposta superioridade desses sentidos, como se a natureza quisesse compensar a privação da vista. Tanto é assim que uma pessoa que se torna cega por acidente costuma encontrar, no auxílio dos sentidos que lhe restam, recursos dos quais até então não se dera conta. Isso se explica: menos distraída, ela apurou a capacidade de atenção. Mas, é principalmente nos cegos de nascença que se observam, se podemos dizê-lo, os milagres operados pela cegueira (*cécité*).

Um autor anônimo publicou em 1749 uma pequena obra muito bem escrita, com fortes tintas filosóficas, chamada *Carta sobre os cegos, para uso dos que veem*, acompanhada da seguinte epígrafe: *possunt, nec posse videntur*, que alude aos prodígios dos cegos de nascença. Ofereceremos neste artigo um extrato dessa carta, que por toda parte exibe uma metafísica sutil e verdadeira, se excetuarmos algumas passagens que não têm relação imediata com o assunto e que podem ofender ouvidos mais piedosos.

O autor começa mencionando um cego de nascença que conheceu e provavelmente ainda vive. Esse cego, que habita o Puiseaux, em Gâtinais, é químico e musicista. Ensinou seu filho a ler com caracteres em relevo. Julga com exatidão as simetrias. Questionamo-nos se a ideia de simetria, que é para nós, sob muitos aspectos, pura convenção, também o seria para ele.

Sua definição de espelho é singular. Em suas palavras, "é uma máquina que põe as coisas em relevo, fora de si mesmas". Essa definição pode parecer absurda para um tolo com olhos, mas, para um filósofo clarividente, ela é muito sutil e surpreendente. "Se Descartes fosse cego de nascença", diz nosso autor, "teria

*Apêndices*

aplaudido essa definição. Peço-vos que considereis devidamente a sutileza necessária para combinar certas ideias e chegar a essa constatação. Nosso cego só tem conhecimento dos objetos a partir do tato; está ciente, a partir do que os outros dizem, que eles conhecem os objetos por meio da visão assim como ele os conhece pelo tato. É a única noção que tem a respeito. Além disso, sabe que não vemos nosso próprio rosto, embora possamos tocá-lo. Ele conclui, então, que a visão é uma espécie de tato, que se estende a outros objetos, diferentes de nosso rosto e afastados de nós. Aliás, a única ideia que o tato lhe fornece é a de relevo. Logo, ele acrescenta, o espelho é uma máquina que nos põe em relevo fora de nós mesmos."

Observai bem que essas palavras "em relevo" não são supérfluas. Se o cego tivesse dito simplesmente "nos coloca fora de nós mesmos", ele teria dito, aliás, um disparate: como conceber uma máquina capaz de duplicar um objeto? O termo "relevo" só se aplica à superfície; assim, "nos colocar em relevo fora de nós mesmos" é colocar somente a representação da superfície de nosso corpo fora de nós. O cego deve ter percebido, pelo raciocínio, que o tato só representa para ele a superfície dos corpos; e que, assim, essa espécie de tato que se chama "visão" apenas dá a ideia do relevo ou da superfície dos corpos, sem dar aquela de sua solidez, o termo "relevo" designando aqui apenas a superfície. Confesso que a definição do cego, mesmo com essa restrição, ainda é um enigma para ele: mas, pelo menos, vê-se que buscou, tanto quanto possível, abrandar o enigma.

Para o cego, todos os fenômenos relativos aos espelhos e às lentes, instrumentos que aumentam, diminuem ou multiplicam os objetos, são mistérios impenetráveis. "Perguntou-nos se a máquina que aumenta os objetos é maior que aquela que os diminui; se a que os aproxima é mais curta que aquela que os separa. E, compreendendo tão pouco como nós como isso que o espelho põe em relevo escapa ao sentido do tato, concluía, 'eis aí dois sentidos que uma pequena máquina põe em contradição: uma máquina mais perfeita talvez os pusesse de acordo, sem que por isto os objetos fossem mais reais; talvez uma terceira, mais perfeita ainda e menos pérfida, os suprimisse, advertindo-nos do erro'." Que conclusões filosóficas não poderia um cego extrair disso, inclusive contra o testemunho dos sentidos!

Ele define o olho como um órgão em que o ar produz o mesmo efeito que um bastão na mão. O autor observa que essa definição é muito semelhante à de Descartes, que na *Dióptrica* compara o olho a um cego que toca os corpos de longe com seu bastão. Os raios de luz são o bastão dos videntes. O cego tem memória dos sons num grau surpreendente, e a diversidade de vozes o afeta tanto quanto a que observamos nos rostos.

O auxílio que ele recebe dos outros sentidos e o uso singular que faz deles, espantoso para os que o cercam, o torna indiferente à privação da visão. Ele percebe que tem vantagens sobre os que veem e diz que, se pudesse, em vez de ter olhos preferiria ter braços mais longos.

Esse cego se volta com segurança na direção do ruído e da voz; estima a proximidade do fogo pelo grau do calor; percebe se vasos estão cheios pelo som que emitem quando os líquidos transbordam; descobre a distância dos corpos pela ação do ar em seu rosto. Distingue uma rua de um beco: para ele, o ar nunca está em repouso, e seu rosto sente as menores vicissitudes da atmosfera. Avalia bem o peso dos corpos e a capacidade dos recipientes; faz de seus braços balanças exatas, e de seus dedos, compassos quase infalíveis. O polimento dos corpos tem

*Apêndices*

para ele tantas nuances quanto o som da voz: julga a beleza pelo tato, e, isto é extraordinário, inclui nesse juízo a pronúncia e a entonação da voz. Faz pequenos objetos no torno e com a agulha, nivela com o esquadro, monta e desmonta máquinas; toca uma peça musical, diz suas notas e valores; estima a duração do tempo com muito mais precisão do que nós, a partir da sucessão das ações e dos pensamentos.

Sua aversão pelo roubo é espantosa, sem dúvida pela dificuldade que tem de perceber que está sendo roubado. Quase não tem ideia do pudor; considera que as roupas são apropriadas para proteger contra o frio, mas não compreende por que cobrimos umas partes do corpo e não outras. Para o nosso cego, acrescenta o autor que aqui resumimos, Diógenes não teria sido filósofo. Por fim, as aparências externas do fasto, que tanto afetam os outros homens, não têm para ele nenhuma importância.

Não mencionaremos um grande número de reflexões sutis do autor da carta, para ir diretamente ao que ele diz sobre outro cego célebre, o famoso Saunderson, falecido há alguns anos. A varíola o fez perder a visão muito cedo, na infância, a ponto de ele não se lembrar de um dia ter enxergado. Tinha tantas ideias de luz quanto um cego de nascença. Apesar dessa privação, realizou progressos tão surpreendentes na matemática que recebeu a cátedra de professor dessa ciência, na Universidade de Cambridge. Suas aulas eram extremamente claras: dirigia-se aos alunos como se eles também fossem privados da visão. Ora, um cego que se exprime claramente para cegos tem muitas vantagens para pessoas que veem. Ele realizava seus cálculos e ensinava os seus pupilos da seguinte maneira.

Imaginai um tabuleiro quadrado de madeira, dividido em linhas perpendiculares e quatro outros pequenos quadrados;

suponde esse quadrado perfurado com nove buracos, com diâmetro suficiente para acomodar cabeças de alfinetes com o mesmo comprimento e a mesma espessura, mas com cabeças de tamanhos diferentes.

Saunderson dispunha vários tabuleiros como esse sobre uma mesa. Para designar o número 0, punha um alfinete de cabeça grande no centro de um dos quadrados, e nada nos outros buracos. Para designar o número 1, punha um alfinete de cabeça pequena no centro do tabuleiro. Para designar o dois, punha um alfinete de cabeça grande no centro, e acima dele, na mesma linha, um pequeno alfinete no buraco correspondente. Para designar o três, o alfinete maior no centro, e o pequeno no buraco acima à direita, e assim por diante. Desse modo, bastava a Saunderson pôr o dedo sobre o pequeno quadrado para ver imediatamente o número representado.

Passando os dedos sucessivamente sobre cada fila vertical de cima para baixo, realizava a adição da maneira comum, e assinalava o resultado com alfinetes postos nos quadrados, abaixo dos números correspondentes.

Recorria a esse mesmo tabuleiro para realizar demonstrações de geometria. Dispunha alfinetes grandes nos buracos de modo que tivessem a direção de uma linha reta, formando um polígono etc.

Saunderson também construiu máquinas que facilitavam o estudo da geometria, mas ignora-se como as utilizava.

Deixou elementos de álgebra, e até agora nada superior no assunto foi publicado. Mas, como observa o nosso autor, elementos de geometria teriam sido ainda mais curiosos. Uma pessoa que o conheceu me disse que as demonstrações das propriedades do sólido, que costumam dar tanto trabalho por causa do relevo das partes, eram para ele uma brincadeira. Passeava por

*Apêndices*

uma pirâmide, por um icosaedro, transitava de um ângulo a outro com extrema facilidade; imaginava diferentes planos e cortes, sem nenhum esforço. Provavelmente por isso, suas demonstrações teriam sido mais difíceis de entender do que se enxergasse, exceto por aquelas de figuras planas, que seriam bastante claras e de muito proveito para os filósofos, bem como para os iniciantes.

Para espanto de todos, dava aulas de ótica. Mas isso só é surpreendente para a multidão. Os filósofos conceberão facilmente que um cego, sem ter ideia da luz e das cores, pode dar aulas de ótica, considerando, como fazem os geômetras, os raios de luz como linhas retas que devem ser dispostas segundo certas leis para produzir os fenômenos da visão ou dos espelhos e lentes.

Percorria uma série de medalhas com a mão e identificava as falsas, mesmo quando eram feitas para burlar os olhos do conhecedor. Julgava com exatidão um instrumento de matemática passando seus dedos sobre as divisões. As menores alterações da atmosfera o afetavam, a exemplo do cego de Puiseaux, e ele percebia, sobretudo em tempos calmos, a presença de objetos pouco afastados. Um dia, em que assistia no jardim a observações astronômicas, distinguiu, pela impressão do ar no seu rosto, o tempo em que o sol estava coberto pelas nuvens, o que é tanto mais singular, pois ele era totalmente privado, não apenas da vista, mas também do órgão da visão.

Devo advertir que a pretensa história dos últimos momentos de Saunderson, que nosso autor alega ter sido impressa em inglês, é uma invenção que muitos eruditos consideram como um crime de lesa-erudição. Tudo não passaria de uma brincadeira, se o assunto não fosse tão sério.

Em seguida, o autor menciona em poucas palavras vários outros cegos que alcançaram conhecimentos surpreendentes, e observa, o que é verossímil, que Tirésias, que ficou cego por ter lido os segredos dos deuses e predizia o futuro, foi, ao que tudo indica, um grande filósofo eternizado pela fábula. Não seria talvez um astrônomo conhecido, que anunciava os eclipses (que tanto espantam os povos ignorantes), que ficou cego no final da vida por ter cansado seus olhos com numerosas observações sutis, a exemplo de Galileu e Cassini?

Às vezes acontece de a visão ser restituída a cegos de nascença. Testemunha disso é o jovem de treze anos, a quem o sr. Cheselden, célebre cirurgião de Londres, baixou a catarata que o tornara cego desde o nascimento. Eis suas observações, extraídas do terceiro volume da *História natural* dos senhores Buffon e Daubenton.

"O Sr. Cheselden, famoso cirurgião de Londres, tendo feito a operação de catarata de um jovem homem de treze anos, cego de nascença, e assim sido capaz de lhe conceder o sentido da visão, observou a maneira pela qual esse jovem começou a ver e publicou, em seguida, nas *Philosophical Transactions* (n.402) e no *Tatler* (art.55), as observações que fizera a esse respeito. Esse jovem, embora cego, não o era completamente, ou de forma absoluta; como a cegueira provinha de uma catarata, seu caso era o mesmo do de todos os cegos desse tipo, que sempre podem distinguir o dia da noite; e ele distinguia até mesmo, sob uma luz forte, o preto, o branco e o vermelho vivo, que denominamos escarlate, porém não via ou entrevia de modo algum a forma das coisas. Inicialmente, foi-lhe feita a operação em apenas um dos olhos; quando ele viu pela primeira vez, estava tão longe de poder avaliar de algum modo as distâncias que acreditava que todos os objetos, indiferentemente, tocavam seus olhos (foi essa a expressão que ele empregou) do mesmo modo pelo qual as coisas que apalpava tocavam sua pele. Para ele, os objetos mais agradáveis eram aqueles cuja forma era uniforme e a figura regular, e isso apesar de ele ainda não poder formar qualquer juízo a respeito de sua forma, nem dizer por que estes lhe pareciam mais agradáveis do que outros: durante o tempo de sua cegueira, suas ideias das cores que podia distinguir sob uma luz forte eram tão frágeis que não haviam deixado marcas fortes o bastante para que pudesse reconhecê-las no momento em que de fato as viu; ele dizia que essas cores que via não eram as mesmas que outrora havia visto; não conhecia a forma de nenhum objeto e não distinguia as coisas umas das outras, por mais diferentes que fossem em sua figura ou em seu tamanho; quando lhe mostramos as coisas que conheceu anteriormente pelo tato, olhava-as com atenção e observava-as com cuidado para que pudesse reconhecê-las novamente; mas, como havia objetos demais para reter de uma só vez, ele esquecia a maior parte deles e, no começo, ao aprender (como ele dizia) a ver e a conhecer os objetos, esquecia milhares de coisas a cada uma que guardava. Ficou muito surpreso pelo fato de que as coisas das que mais tinha gostado não eram aquelas que eram as mais agradáveis para seus olhos; esperava que fossem as mais belas as pessoas que mais amava. Passaram-se mais de dois meses até que ele pudesse perceber que os quadros representavam corpos sólidos; até então, os havia considerado apenas como planos diferentemente coloridos, ou como superfícies diversificadas pela variedade das cores; mas, quando começou a perceber que esses quadros representavam corpos sólidos, esperava encontrar corpos realmente sólidos ao tocar a tela, e ficou extremamente admirado quando, ao tocar as partes que, devido à luz e às sombras, pareciam-lhe redondas e irregulares, encontrou-as planas e homogêneas, assim como o resto; perguntava qual era, então, o sentido que o enganava, se era a visão ou o tato. Mostraram-lhe, assim, um pequeno retrato de seu pai, que estava na caixa do relógio de sua mãe; ele disse que percebia bem que se tratava de algo semelhante a seu pai, mas perguntava, com grande espanto, como era possível que um rosto tão largo coubesse em um local tão pequeno, pois isso lhe parecia tão impossível quanto colocar oito galões dentro de um quartilho. No início, ele podia suportar apenas uma luz muito fraca, e via todos os objetos como se fossem extremamente grandes; mas, na medida em que via coisas de fato maiores, julgava as outras menores: acreditava não haver nada para além dos limites daquilo que via; sabia bem que o quarto em que estava era apenas uma parte da casa, no entanto, não podia conceber como a casa podia parecer maior do que o quarto. Antes de lhe ter sido feita a operação, ele não esperava nenhum grande prazer do novo sentido que lhe era prometido, e apenas se entusiasmava com a vantagem de poder aprender a ler e a escrever; dizia, por exemplo, que, quando tivesse esse sentido, não poderia ter um prazer maior do já que tinha ao caminhar pelo jardim, pois ele aí caminhava livre e facilmente, conhecendo todas as suas diferentes partes; notara muito bem, inclusive, que seu estado de cegueira lhe havia concedido uma vantagem sobre os outros homens, por ele conservada durante muito tempo após ter adquirido o sentido da visão, e que consistia em andar à noite com mais facilidade e segurança do que aqueles que viam. Mas, quando começou a se servir desse novo sentido, sentiu-se arrebatado de alegria, e dizia que cada novo objeto era uma nova delícia, e que seu prazer era tão grande que não conseguia exprimi-lo. Um ano depois, foi levado a Epson, onde há uma vista muito bela e ampla; parecia encantado com esse espetáculo

## Apêndices

e julgou que essa paisagem era uma nova maneira de ver. Fizeram-lhe a mesma operação no outro olho um ano após a primeira, tendo obtido o mesmo sucesso; no início, ele via com esse segundo olho os objetos muitos maiores do que os via com o outro, mas já não tão grandes quanto como os havia visto com o primeiro; e, quando olhava para o mesmo objeto com os dois olhos ao mesmo tempo, dizia que esse objeto lhe parecia duas vezes maior do que quando o via somente com seu primeiro olho; mas não o via duplo, ou ao menos não se pôde ter certeza de que ele via objetos duplos no início, quando lhe foi concedido o uso de seu segundo olho.

O sr. Cheselden relata alguns outros exemplos de cegos que não se recordavam de já terem enxergado nos quais realizou a mesma operação, e assegura que, quando eles começavam a aprender a ver, diziam as mesmas coisas que o jovem de que falamos, embora, na verdade, com menos detalhes; em todos ele observou que, como jamais haviam tido a necessidade de mover seus olhos durante o tempo de sua cegueira, ficavam inicialmente muito confusos para movimentá-los, e apenas aos poucos, de grau em grau e com o tempo, aprenderam a conduzir seus olhos e a dirigi-los para os objetos que desejavam observar".[104]

---

104 O texto de Buffon e Daubenton citado por d'Alembert traz a seguinte nota: "Encontraremos um grande número de fatos muito interessantes a respeito dos cegos de nascença em uma pequena obra que acabou de ser lançada, cujo título é *Carta sobre os cegos, para uso dos que veem*. O autor disseminou por toda parte uma metafísica muito sutil e verdadeira, por meio da qual justifica todas as diferenças que deve produzir no espírito de um homem a privação absoluta do sentido da visão". Buffon, "Do sentido da visão", *História natural*. Trad. Isabel Coelho Fragelli et al. São Paulo: Editora Unesp, 2020, p.273-4.

Dessas experiências resulta que o sentido da visão se aperfeiçoa em nós pouco a pouco. Esse sentido é inicialmente muito confuso e aprendemos a ver mais ou menos como aprendemos a falar. Um recém-nascido que abre os olhos pela primeira vez para a luz experimenta, sem dúvida, todas as mesmas coisas que acabamos de observar no cego de nascença. É o tato, o hábito, que retificam os juízos da visão. Vide *Tato*.

Mas voltemos ao autor da *Carta sobre os cegos*:

"Muitos querem restituir a visão a cegos de nascença; mas, pensando bem, seria mais proveitoso para a filosofia questionar um cego de bom senso. [...] Se quiséssemos dar alguma certeza a experiências a respeito, seria ao menos necessário que a pessoa fosse preparada de antemão, educada, e talvez transformada em filósofo [...] seria desejável interrogá-la com muita fineza, para que ela pudesse dizer o que realmente se passa em si. Seria preciso que esse interrogatório fosse realizado na academia, e, a fim de que não tivesse espectadores supérfluos, convidar para essa assembleia somente os que mereçam ali estar, por seus conhecimentos filosóficos, anatômicos etc. Pessoas talentosas e espíritos aguçados estariam sempre presentes."

Terminemos este verbete, como o autor da *Carta*, pela famosa questão do sr. Molyneux. Supõe-se um cego de nascença que tenha aprendido pelo tato a distinguir um globo de um cubo. Pergunta-se se, quando tiver a visão restituída, ele distinguirá o globo do cubo, sem tocá-los. Molyneux acredita que não, e Locke concorda com ele, pois o cego não poderia saber que o ângulo avançado do cubo, que pressiona a mão de uma maneira desigual, deve parecer para os seus olhos tal como parece no cubo.[105]

---

105 Locke, *Ensaio sobre o entendimento humano*, op. cit., livro II, cap.9, 8-10.

*Apêndices*

O autor da *Carta sobre os cegos* acredita, com razão, a partir do experimento de Cheselden, que o cego de início tudo vê confusamente, e, longe de distinguir o globo do cubo, nem mesmo vê distintamente duas figuras diferentes; mas acredita que, com o tempo, e sem o auxílio do tato, o cego conseguirá ver distintamente as duas figuras. A razão que ele oferece, à qual nos parece difícil responder, é que, como o cego não tem necessidade de tocar para distinguir as cores umas das outras, os limites das cores bastarão, com o tempo, para discernir a figura e o contorno do objeto. Ele verá, portanto, um globo e um cubo, ou, se quisermos, um círculo e um quadrado. Mas, como o sentido do tato não contribui de modo algum para o sentido da visão, não descobrirá que um desses corpos é o que ele chama de globo e o outro o que chama de cubo. A visão não vai de modo algum fazê-lo lembrar-se da sensação que recebeu pelo tato. Suponhamos agora que lhe digam que um desses corpos é aquele globo que sentia pelo tato, e o outro, que sentia como cubo. Como poderia distingui-los? O autor responde que um homem grosseiro e sem instrução se pronunciaria ao acaso; que um metafísico, sobretudo se for geômetra, como Saunderson, examinaria essas figuras e, supondo certas linhas retas, verá que pode demonstrar a partir de uma delas todas as propriedades do círculo que conhecia pelo tato e, da outra, todas as propriedades do quadrado. Ficará então tentado a concluir: eis o quadrado, eis o círculo. Entretanto, se for prudente, suspenderá ainda seu julgamento, e poderia dizer: "Talvez quando eu tocar com a mão essas figuras elas se transformem uma na outra, de modo que a mesma figura poderia servir para que eu demonstrasse aos cegos as propriedades do círculo, e, aos que veem, as propriedades do quadrado?". Mas, não, diria Saunderson, estou enganado. Aqueles a quem eu demonstrasse as propriedades do círculo e do quadrado, nos quais a visão e o tato estivessem em perfeito acordo, me entenderiam muito bem, embora não tocassem as figuras sobre as quais eu fiz minhas demonstrações e se contentassem em vê-las. Não veriam, pois, um quadrado onde eu percebia um círculo, sem o que jamais poderíamos nos entender. Mas já que todos entendiam, todos os homens veem, tanto uns quanto outros. Logo, eu vejo quadrado o que eles veem como quadrado, portanto, o que eu sentia como quadrado; e, pela mesma razão, vejo círculo o que antes sentia como círculo.

Substituímos aqui, juntamente com o autor, o globo pelo círculo e o cubo pelo quadrado, porque aparentemente aquele que se serve de seus olhos pela primeira vez só vê superfícies e não sabe o que é o relevo, pois o relevo de um corpo consiste em que alguns dos pontos parecem mais próximos de nós do que outros. Ora, é pela experiência somada ao tato, e não pela visão sozinha, que julgamos as distâncias.

A partir do que foi dito até aqui sobre o globo e o cubo, ou sobre o círculo e o quadrado, concluamos, com o autor, que há casos em que o raciocínio e a experiência alheia podem esclarecer a visão sobre a sua relação com o tato, e como que garantir que o olho esteja de acordo com o tato.

A *Carta* se encerra com algumas reflexões sobre o que aconteceria a um homem que dispusesse da visão desde o nascimento, mas não tivesse o sentido do tato, e a outro, no qual os sentidos da visão e do tato estivessem em perpétua contradição. Remetemos os leitores a essas reflexões. Elas nos fazem lembrar de outra da mesma espécie, feitas pelo autor no corpo da *Carta*. Se um homem que enxergou por apenas um dia ou dois

*Apêndices*

se encontrasse de súbito em meio a um povo de cegos, teria de escolher entre calar-se ou se passar por louco. Anunciaria todos os dias um novo mistério, que só seria mistério para eles, e nos quais os espíritos fortes fariam bem em não acreditar. Que proveito poderiam os defensores da religião extrair de uma incredulidade tão arredia, e cabe dizer, sob certos aspectos, tão correta, embora sem fundamento?"

Encerraremos este verbete com essa reflexão, que pode servir de contrapeso a outras, não tão ortodoxas, que se encontram aqui e ali no corpo dessa obra.

# *Grimm,* Correspondência literária, *1753-1754, n.21*[106]

Paris, 1º de dezembro de 1754

O sr. abade de Condillac, da Academia Real de Ciências e Belas-Letras da Prússia, oferece um *Tratado das sensações* em dois volumes *in-octavo* com uma belíssima epígrafe extraída das *Tusculanas,* de Cícero.[107] É importante não deixar de notar esses pequenos detalhes de bom gosto, que tornam as obras agradáveis e não são indiferentes para o juízo que devemos fazer do autor. Essa epígrafe foi escolhida pela srta. Ferrand, pessoa dotada de um mérito raro, filósofa e geômetra, morta há

---

106  Melchior Grimm, *Correspondance littéraire,* tomo 1. Ed. Ulla Kölvig. Ferney-Voltaire: Centre International d'Étude du XVIIIe siècle, 2006. Tradução parcial.

107  "Ut potero, explicabo: nec tamen, ut Pythius Apollo, certa ut sint et fixa, quase dixero: sed, ut homunculus, probabilia conjectura sequens" [Farei o melhor para me explicar, não como um Apolo da Pítia, cujas palavras são decisivas e indubitáveis, mas como um homem fraco, que formula conjecturas prováveis]. *Tusculanas,* I, 9; também citado por Montaigne, *Ensaios,* op. cit., livro II, 12.

*Denis Diderot*

dois ou três anos, muito lastimada por nosso autor, do qual era amiga íntima, bem como por todos que a conheceram.[108] A crermos no sr. Condillac, a srta. Ferrand tem uma participação considerável no *Tratado das sensações*, e não saberia dizer se esse reconhecimento é uma honra maior para ela ou para aquele que o presta. Certo é que a introdução é uma das partes mais interessantes do *Tratado*. Nosso filósofo, quando fala sobre a srta. Ferrand, elogia seu próprio coração, e é sempre um prazer lermos um autor que tem a felicidade de saber qual o preço da amizade... Ele diz, com razão, que a dor não é a única marca do arrependimento, e que, em tais casos, quanto mais prazer temos ao pensar numa amiga, mais viva é a dor que sua perda nos traz. Com efeito, por ocasião das perdas cruéis, a única consolação que resta ao coração aflito é pensar na pessoa que nos foi subtraída e falar a respeito dela. E como não temos a permissão de descer como Orfeu às profundezas do inferno, para assim trazê-las à luz, é doce, ao menos, reviver, com a força de nosso pensamento, mantendo junto a nós os que nos foram tão caros ao longo da vida.

Passemos ao *Tratado*. Para julgar com mais segurança a respeito das sensações, das faculdades de nossa alma e de suas diferentes operações, o sr. Condillac imagina uma estátua, que ele

---

108 Élisabeth Ferrand (1700-1752), filósofa de destaque nos salões parisienses, teve papel decisivo na elaboração do argumento do *Tratado das sensações*. Condillac reconhece abertamente que se deve a ela a ideia de tomar a estátua como personagem principal da obra. Não é a única filósofa importante do período a ser reconhecida como tal por seus pares masculinos; lembremos aqui a marquesa de Châtelet, tão próxima de Voltaire e de Maupertuis, Madame de l'Épinay, amante de Grimm, sem esquecer Sophie Volland e Julie de l'Espinasse, amigas íntimas, respectivamente, de Diderot e de d'Alembert.

# Apêndices

supõe poder animar a bel-prazer. Essa ideia, em si mesma poética, não é, contudo, embelezada no *Tratado* pelos ornamentos da poesia ou pelas riquezas de uma imaginação brilhante.[109] Nosso autor prefere tratá-la com a sabedoria de um filósofo e a sutileza de um metafísico. Começa por dar a sua estátua o sentido do olfato, e, como ele bem observa, ela pode ser uma estátua para nós, mas, em relação a ela, é o perfume da flor que lhe apresentamos. Vê-se que não poderia haver maior limitação para o conhecimento. Contudo, por mais que nossa estátua creia ser puro olfato, o sr. Condillac mostra muito bem como, a partir do prazer com odores agradáveis e do desprazer com os desagradáveis, ela logo adquire memória, imaginação, juízo, carências, desejos, paixões, amor, ódio, esperança, medo etc. Isso não é tudo. Ela também adquire ideias, e ideias gerais e abstratas, e nosso autor confia que pode ensiná-la a contar até três. Após observações muito exatas a respeito, nosso filósofo reúne, ao sentido do olfato, o da audição, e em seguida o do paladar, depois o da visão e, por fim, o do tato. É apenas a partir deste último que ela aprende que alguma coisa existe fora dela, e que tudo o que ela acreditava ser, a partir dos outros sentidos, não é, em toda verossimilhança, mais do que a impressão dos objetos externos. Se digo com verossimilhança é porque não há nada tão pouco demonstrado, e pode muito bem ser que o tato, que não é diferente dos demais sentidos, leve a crer que existem objetos externos e que por isso tal coisa seja mais verdadeira, assim como o olfato poderia levar a estátua a pensar que ela é um odor, sem que com isso ela ponha em causa a existência de uma causa

---

109 Referência ao "homem animado" de Buffon, que aparece na seção "Dos sentidos em geral"; *História natural*, op. cit., tomo 3, p.296-307.

exterior, como, no caso, a flor. Não encontraremos nesse *Tratado* as qualidades do gênio, como a imaginação sublime e brilhante, cujas falhas admiramos, esses clarões que nos permitem entrever ao longe uma luz que jamais descobriremos, essa ousadia, enfim, que caracteriza a metafísica de um Buffon ou de um Diderot. Mas temos, em compensação, muita sabedoria e muita exatidão, uma clareza e uma precisão raras, uma sagacidade abundante e observações extremamente engenhosas. Tudo o que o sr. Condillac pede ao leitor é que preste atenção. Já o sr. Diderot e o sr. Buffon pressupõem que os seus tenham força e coragem para acompanhá-los, quando eles, com audácia, perdem-se nos insondáveis abismos do espaço.

Resta-nos fazer algumas considerações gerais sobre essa obra, pois, a menos que a leiamos face a face, comunicando suas reflexões acompanhando o autor a cada passo, é impossível entrar em detalhes, pois cada um se insere em uma sequência e um encadeamento de ideias. Por pouco que queiramos refletir, não tardaremos a nos dar conta de que as ideias inatas são uma quimera, pois é evidente que todas as nossas ideias vêm dos sentidos. Portanto, um homem que é privado de um dos sentidos tem um quinto a menos de ideias, e assim por diante. O *Tratado das sensações* estabelece essa doutrina. Não sei se a Sorbonne poderá aceitá-la, tendo há algum tempo se declarado em prol das ideias inatas, que ela agora defende sem restrição.[110] Do fato de não termos outras ideias além daquelas dos sentidos, e de não podermos, a rigor, demonstrar a realidade das sensações

---

110 Ironia dupla: à época de Descartes, a Sorbonne permaneceu tomista; passada a hora do cartesianismo, adota essa doutrina, agora tão caduca quanto a outra o fora a seu tempo.

## Apêndices

nem distinguir a existência dos objetos externos do que poderia haver de ilusório nas impressões que eles parecem causar sobre os nossos sentidos, resultam reflexões de que o sr. Condillac, ao que me parece, estaria perfeitamente ciente. Toda verdade é, em relação a nós, meramente condicional e relativa a nossos órgãos, e, se entramos em acordo sobre nossas ideias, é na medida em que temos os mesmos órgãos.[111] O mesmo universo será, portanto, muito diferente para seres com diferente organização, e se esses seres pudessem, por meio de uma língua, comunicar suas ideias, eles se espantariam por não concordar em nada, ou melhor, de falar a mesma língua sem, no entanto, se compreenderem um mínimo que seja. Ousemos dizer a um ser que toma o olfato por todos os sentidos, ou, para simplificar, a um nariz, que ele não é, de modo algum, o odor que acredita ser, mas que essa maneira de ser é ocasionada pela impressão de um objeto externo, como uma flor, por exemplo! De início, não entenderá o que dizemos, depois, caçoará de nós e sentirá pena, como se fôssemos imbecis, e terminará rindo na nossa cara, tolos que somos. Observação reconfortante, pois a condição desse nariz é também a nossa. Suponhamos um homem com um sexto sentido; ele verá o universo de maneira inteiramente diferente da nossa, e não deixaremos de considerá-lo um louco, quando ele, na verdade, estará acima de nossa esfera. A única medida que

---

111 Grimm impõe ao *Tratado das sensações* uma conclusão a que Condillac não chega, e que ele recusa deliberadamente no *Tratado dos animais*, publicado nesse mesmo ano de 1754, mas que pertence, isto sim, à *Carta sobre os cegos*, de Diderot – surgida em 1749. Com isso, Grimm sugere que, malgrado o rigor e a exatidão superiores de Condillac, ele não dá o passo definitivo, no entanto já indicado por Diderot, em suas ousadas especulações nos "insondáveis abismos do espaço".

temos dos outros é a nossa. Digo mais, um homem que tivesse os mesmos órgãos que nós, porém mais perfeitos e mais sutis, mais aguçados que os dos homens comuns, teria muita dificuldade para não passar por extravagante. Por isso, pessoas de um gênio sublime, de uma imaginação viva, parecem-nos tão singulares e com frequência tão incômodas. Por isso, essas mesmas pessoas se expõem a fazer tolices, pois seus órgãos são tão sensíveis, recebem impressões tão vivas e tão profundas, que resultam danos terríveis para a máquina como um todo. Que belo espetáculo para os filósofos, que belo tema de meditação! Oh, sabedoria, não és mais que uma modificação dos órgãos? Não irei além; essa única observação daria um tratado dos mais interessantes.

O plano do *Tratado das sensações* não me agrada; é a principal censura que faço ao sr. Condillac. Se tiver uma razão de ser, o dano à sua obra não será pequeno. Defendo que, em matéria de metafísica, quando se trata de adivinhar a natureza e desvendar seus mistérios mais recônditos,[112] deve-se consultá-la a cada passo, e é preciso, principalmente, que o plano geral de nossas operações seja conforme e análogo ao que a natureza segue nas suas. Mas todas essas suposições de um homem restrito ao olfato, à audição, a esses dois sentidos, e assim por diante, longe de serem análogas à natureza, são, na verdade, impossíveis. Não

---

112 Grimm parafraseia a linguagem de Diderot nos primeiros capítulos dos *Pensamentos sobre a interpretação da natureza*, então recém-publicados (1753-1754), e logo em seguida contrapõe, ao método de Condillac, o do naturalista, tal como aplicado por Diderot na *Carta sobre os surdos-mudos* (1751). A proximidade entre o *Tratado* e a *Carta* é notada na época por um crítico de Condillac pouco simpático a Diderot: "o *Tratado das sensações* se encontra dado em poucas palavras num pequeno volume, obscuro em todos os sentidos, que traz o título: *Carta sobre os surdos-mudos* etc.".

existe sentido algum sem o tato, e quando tentamos, com uma audácia filosófica, animar uma estátua, não devemos fazer o que a própria natureza não faria, na presente ordem de coisas. Seria preciso, portanto, animar a estátua como a natureza nos anima, ou seja, com todos os sentidos, sem que ela conheça os seus usos, e acompanhar passo a passo o desenvolvimento dos sentidos e das faculdades da estátua; em suma, contar a verdadeira história metafísica do homem. Eis por que (ao menos é o que acredito) quase não temos prazer com a leitura da obra de nosso filósofo: é que ela se apoia sobre suposições arbitrárias e impossíveis. Quando ele fala em cegos de nascença, encontramo-nos num mundo conhecido, e suas observações se tornam verdadeiras e interessantes. O que o sr. Condillac faz com os sentidos do homem nós mesmos também fazemos, todos os dias, com as faculdades da alma. Distinguimos em nós a memória, o juízo e a imaginação, e, a darmos ouvidos aos nossos metafísicos, diríamos que cada uma dessas faculdades realiza suas operações à parte, sem o auxílio das outras. Mas a verdade é que essas faculdades que eles separam por abstração não se distinguem na alma e não têm funções distintas, atribuídas a cada uma delas, das quais as outras não participam. O que vale para as faculdades de nosso espírito aplica-se, pela mesma razão, aos nossos sentidos, e com isso o plano do sr. Condillac vem abaixo. Se essas discussões vos interessam, lereis com prazer o extrato da *História natural* dedicado aos sentidos em geral, em que o sr. Buffon anima a sua estátua. É verdade que o filósofo exato não se sente muito à vontade com o filósofo genial. O primeiro movimento da estátua do sr. Buffon é estender a mão para agarrar o Sol. Que linda ideia! Quanta poesia! Os filósofos em suas conjecturas, como os poetas em suas imitações, têm um único oráculo a consultar:

*Denis Diderot*

o da natureza. O *sibi convenientia finge*, de Horácio,[113] "é preciso imaginar coisas que se sustentem", é uma lição que se aplica igualmente aos metafísicos e aos poetas. A *Carta sobre os cegos* e a *Carta sobre os surdos-mudos*, ambas do sr. Diderot, são obras vexaminosas para o *Tratado das sensações*. Esse filósofo de visões invariavelmente sublimes conhece o segredo de como nos encantar tratando das matérias mais abstratas. Um encanto difícil de explicar se apossa de nós quando o vemos adentrando as mais profundas redobras da natureza com uma audácia estonteante. O sr. Condillac cita duas ou três páginas da *Carta sobre os surdos--mudos* na parte final de seu *Tratado*. Convenhamos, essas poucas linhas contêm mais gênio do que todo o *Tratado das sensações*.[114]

Encerrarei com uma observação que diz respeito tanto ao sr. Condillac quanto ao sr. Buffon. Quando procede com boa-fé, um filósofo deve reconhecer que suas demonstrações vão apenas até certo ponto, e seria desejável que nossos autores não dessem ao seu método de explicação da maneira como se formam as sensações um grau de certeza mais alto do que ele realmente tem. Por exemplo, para explicar a maneira como vemos, eles dizem: vemos os objetos em nossos olhos, não fora deles,

---

113 Horácio, *Arte poética*, 119: "Aut famam sequere, auto sibe convenientia finge" [Segue a tradição, ou, se inventardes personagens, que sejam coerentes consigo mesmos].

114 Com esse veredicto estilístico, Grimm despacha sem mais a questão da autoria da ideia da estátua, empregada por Diderot na *Carta sobre os surdos-mudos* três anos antes da publicação do *Tratado das sensações*, o que valeu a Condillac a acusação de plágio. Em sua defesa, este alega que a ideia lhe fora sugerida bem antes de 1751, pela srta. Ferrand, como, de resto, estaria ciente o próprio Diderot. Encerra-se assim, com essa querela, uma amizade frutuosa, que tivera início em 1744 por intermédio de Rousseau.

*Apêndices*

vemo-los invertidos, a experiência e o juízo nos ensinam a projetá-los fora de nossos olhos. Se me dissessem que isso é algo verossímil, nada teria a lhes opor; mas, quando me dizem que é uma verdade demonstrada, então responderei que não sabem se é mesmo assim, não mais do que eu. Não é uma temeridade aplicar sem mais, ao olho vivo, experimentos realizados a partir do olho morto? Qual o fundamento para decidirmos que o olho vivo recebe os raios refletidos por esses corpos, ou com que direito me será negado afirmar algo que me parece mais verossímil, a saber, que o olho atua sobre os objetos que atuam sobre ele, que os caça fora de si, que os reveste com uma dupla camada, ações que um olho morto não poderia realizar, e que por essa razão vemos nele os objetos invertidos? O exemplo das crianças e dos cegos que recuperam a visão não é, de modo algum, contrário ao que eu digo. Ele prova que é preciso aprender a ver como se aprende a andar, e que o exercício, que ensina os olhos a ver, é também o mestre de todas as faculdades. Admitis então, alguém me diria, uma faculdade oculta, inexplicável? Sim, sem dúvida; haveria uma explicação melhor para os pés que aprendem a andar? O mérito principal de um metafísico consiste em ser verdadeiro e justo. Não se deve dizer que uma coisa está demonstrada quando tudo o que ela admite é certo grau de probabilidade.[115]

---

115 Derradeiro momento do *partie pris* de Grimm em favor de Diderot, evocando dessa vez a regra de ouro dos *Pensamentos sobre a interpretação da natureza*, ao que parece ignorada não somente por Condillac, mas também por Buffon. Com isso, não pode mais haver dúvida de qual, dentre os três metafísicos, merece a preeminência. Diderot e Grimm permanecerão unidos e fiéis um ao outro até o fim de seus dias.

## SOBRE O LIVRO

*Formato*: 13,7 x 21 cm
*Mancha*: 23,5 x 39 paicas
*Tipologia*: Venetian 301 BT 12,5/16
*Papel*: Off-white 80 g/m² (miolo)
Cartão Supremo 250 g/m² (capa)

*1ª edição Editora Unesp*: 2023

## EQUIPE DE REALIZAÇÃO

*Edição de texto*
Tulio Kawata (Copidesque)
Marcelo Porto (Revisão)

*Capa*
Vicente Pimenta

*Editoração eletrônica*
Sergio Gzeschnik

*Assistência editorial*
Alberto Bononi
Gabriel Joppert

Rua Xavier Curado, 388 • Ipiranga - SP • 04210 100
Tel.: (11) 2063 7000 • Fax: (11) 2061 8709
rettec@rettec.com.br • www.rettec.com.br